1 Konzeptionsbeschreibung

Das vorliegende Arbeitsheft „Sicher zum Grundwortschatz – Ein Lehrgang zum richtigen Schreiben“ ist eine Neubearbeitung des bisherigen gleichnamigen Lehrwerks für die bayerische Grundschule.

Das Arbeitsheft ist für die Klassen 1 bis 4 für den Bereich „Richtig schreiben“ konzipiert.
Es deckt alle Lehrplaninhalte dieses Bereiches ab. Darüber hinaus bedient es aber die im Lehrplan geforderte „Verknüpfung und Integration der Lernbereiche des Deutschunterrichts“ zu den anderen Lernbereichen. So werden Elemente des Bereiches „Sprache untersuchen“ aufgegriffen, soweit sie für den Rechtschreibbereich notwendig oder förderlich sind, wie z. B. das Beherrschen der Wortarten zur Unterscheidung von Groß- und Kleinschreibung. Besondere Berücksichtigung findet außerdem der Bereich „Sprechen und Gespräche führen“. Durch Arbeitsanweisungen und Fragen zu Texten fördert das Arbeitsheft auch die Fähigkeit des sinnentnehmenden Lesens.

Der Lehrplan für die Grundschule lässt offen, welche der Wörter des vorgegebenen Grundwortschatzes für die Jahrgangsstufen 3 und 4 in der einen oder anderen Jahrgangsstufe Gegenstand des Übens sind. Mit dem vorliegenden Arbeitsheft sollen die Lehrerinnen und Lehrer in der Aufteilung des Wortmaterials auf die einzelnen Jahrgangsstufen unterstützt werden. Dabei soll gleichzeitig gewährleistet werden, dass der vorgegebene Grundwortschatz über die einzelnen Jahrgangsstufen hin vollständig erarbeitet wird.
In der Auswahl des Wortmaterials für die Jahrgangsstufe 4 orientierten sich die Autoren an folgenden Kriterien:

- Anbahnung der verschiedenen Strategien des Rechtschreibenlernens
- Erfahrungs-, Erlebens- und Interessenbereiche der Kinder dieser Altersstufe.

Im Vergleich zur Altausgabe des vorliegenden Arbeitsheftes wurde mehr Übersichtlichkeit angestrebt.
Auch gleiche Auszeichnungen sollen dem Kind und der Lehrkraft die Orientierung erleichtern und damit das selbstständige Arbeiten der Schülerinnen und Schüler fördern. So werden Silbenbögen immer in gelbe Balken unter der Lineatur gesetzt, Silben immer auf Silbenkärtchen etc.
Die Leitfigur, der Clown, ist verstärkt präsent. Er dient nicht nur zur Auflockerung, sondern gibt auch Hinweise. In diesem thematischen Zusammenhang wurden Luftballons mit Schnüren als Rahmen für Merksätze und Arbeitstechniken gewählt.

Folgende Piktogramme enthält das Arbeitsheft:

Der blaue Luftballon verweist auf Arbeitstechniken.

Der rote Luftballon verweist auf Merksätze.

Der Mund verdeutlicht den Kindern an den entsprechenden Aufgabenstellungen die Wichtigkeit des deutlichen Sprechens.

Das Heftsymbol zeigt an, dass die Aufgabe in einem anderen Heft aufgeschrieben werden muss.

Kleine Abschreibtexte werden durch den Clown mit Heft und Stift gekennzeichnet, der immer rechts neben diesen Texten bzw. den entsprechenden Aufgabenstellungen dazu steht.

Es gibt keine grafische Auszeichnung der Differenzierung um Stigmatisierungen zu vermeiden. Des Weiteren kann die Einteilung in leichte und schwere Aufgaben individuell sehr unterschiedlich sein. Im Übrigen ist von einer Seitenprogression von oben nach unten auszugehen.
In der Fußzeile gibt es für die Lehrerinnen und Lehrer eine Seiteninhaltsangabe zur Vereinfachung der Handhabung.

Das Arbeitsheft ist wie folgt aufgebaut:

1. Phänomenologische Seiten
2. Übungswörter-Seiten
3. „Das kann ich schon"-Seiten
4. Wörterverzeichnis und Zusammenfassung Arbeitstechniken
5. Einleger.

Zu 1. Phänomenologische Seiten
Die phänomenologischen Seiten sind an einer inhaltlichen Überschrift zu erkennen.
Einem im Lehrplan vorgegebenen rechtschriftlichen Phänomen sind im Schnitt ein bis zwei Seiten gewidmet. Hier wird das Phänomen erarbeitet und wenn möglich in einem Merksatz zusammengefasst. Danach wird es vertiefend mit den entsprechenden Grundwortschatzwörtern und darüber hinausgehenden entsprechenden Beispielwörtern aus der Lebenswelt der Kinder geübt.

Zu 2. Übungswörter-Seiten
Die Übungswörter-Seiten tragen eine thematische Überschrift.
Auf den Übungswörter-Seiten sind die Grundwortschatzwörter nach den Erfahrungs-, Erlebens- und Interessenbereichen der Kinder dieser Altersstufe zusammengestellt.
Damit die Kinder und die Lehrkraft die Übungswörter der jeweiligen Seite auf einen Blick sehen, sind sie immer in einem grünen Übungswörterkasten oben rechts auf der Seite angeordnet.
Damit es keine Unklarheiten über das in den Aufgaben zu verwendende Wortschatzmaterial gibt, ist das Wort „Übungswort" in den entsprechenden Aufgaben grün gesetzt.
Im Inhaltsverzeichnis sind die Übungswörter-Seiten grün hervorgehoben.
Eine weitere Besonderheit der Übungswörter-Seiten stellen die Einstiegstexte dar, die in Klasse 4 auf jeder dieser Seiten zu finden sind.
Texte, deren Inhalt die Schülerinnen und Schüler anspricht oder auch zu einer Antwort herausfordert, motivieren mehr als beziehungsfremdes Üben an Einzelwörtern.
Darüber hinaus tragen Texte, die einen Sinnzusammenhang fixieren, zu Begriffsklärungen bei, fordern zu sprachlicher Auseinandersetzung mit den angebotenen Inhalten heraus und leisten so auch einen Beitrag zur Förderung

der allgemeinen Sprachfähigkeit. Damit können sie – gerade für schwächere Schüler – auch ein Instrument der Sprachanregung sein.

Sowohl auf den phänomenologischen als auch auf den Übungswörter-Seiten sollen abwechslungsreiche Übungstypen den eher formalen Rechtschreibunterricht auflockern.

Auf den phänomenologischen und auch auf den Übungswörter-Seiten werden bereits vorher erarbeitete rechtschriftliche Phänomene und Strategien in Form von didaktischen Schleifen wiederholt aufgegriffen und vertiefend geübt.

Zu 3. „Das kann ich schon"-Seiten
Die „Das kann ich schon"-Seiten dienen der spielerischen Wiederholung der wichtigsten Inhalte aus Klasse 4. Die Schülerin/der Schüler kann bereits Erlerntes zusammenfassend anwenden. Daraus leitet sich die Platzierung dieser Seiten vor dem Wörterverzeichnis ab.

Zu 4. Wörterverzeichnis und Zusammenfassung Arbeitstechniken
Das Wörterverzeichnis zeigt dem Kind und der Lehrkraft, welche Grundwortschatzwörter mit dem Arbeitsheft geübt werden. Es befindet sich am Ende des Arbeitsheftes auf einer ausklappbaren Doppelseite (S. 66–68).
Das Einüben von Arbeitstechniken nimmt in Klasse 4 vermehrt Raum ein.
Die Kinder werden an das Sehen, Hören und Sprechen von Sinnschritten, an auswendiges Aufschreiben sowie an das Vergleichen und Überprüfen nach dem Schreiben herangeführt. Diese wichtigen rechtschriftlichen Arbeitstechniken sind durch blaue Ballons gekennzeichnet.
Das für das Aneignen der Wörter immer wieder notwendige Ab-, Auf- und Nachschreiben (auch in Sinnzusammenhängen) erfolgt v. a. in den Aufgaben zur Satzbildung oder des Abschreibens von Texten oder Sätzen (Piktogramm Clown mit Stift) in der Regel am Ende einer Lerneinheit.

Auf der Rückseite des Wörterverzeichnisses sind die Arbeitstechniken unter den beiden Überschriften „So kannst du erfolgreich aufschreiben" (S. 69) und „So kannst du Fehler vermeiden" (S. 70) zusammengefasst. Die ausklappbare Doppelseite ermöglicht ein schnelles Auffinden sowohl des Wörterverzeichnisses als auch der zusammengefassten Arbeitstechniken.
Nach der Wiederholung und Erweiterung der bereits bekannten Arbeitstechniken des Aufschreibens (S. 16/17) finden sich die entsprechend nummerierten blauen Ballons als Hilfestellung vor den diesbezüglichen Aufgabenstellungen im fortlaufenden Heft.
So kann das Kind jederzeit in der Zusammenfassung nachschlagen und sich die entsprechende Schrittfolge vergegenwärtigen.
Die Zusammenfassung der Arbeitstechniken eignet sich sehr gut als Anleitung zur Überprüfung eigener Texte.

Zu 5. Einleger
Das Entdecken rechtschriftlicher Hilfen beim Schreiben von Wörtern wird ganz gezielt gefördert. Dies geschieht in erster Linie durch das Erarbeiten von Regelhaftigkeiten, die als Merksätze (teilweise vom Kind selbst ergänzt) formuliert werden. Mit roten Luftballons sind diese phänomenologischen Merksätze gekennzeichnet.

Alle phänomenologischen Merksätze sind noch einmal auf dem Einleger zusammengefasst und mit einem Beispiel belegt. Aufgrund der nummerierten Ballons kann das Kind den unterstützenden Merksatz somit immer neben die entsprechende Aufgabe legen.
Die Kinder üben so nicht nur Schritt für Schritt die Technik des Nachschlagens, sondern auch, sich selbst zu helfen. Das Arbeitsheft führt die Schülerin und den Schüler somit mehr und mehr zum selbstständigen Arbeiten. Dies wird ab Klasse 1 angebahnt und bis zur Klasse 4 ausgebaut und gefestigt. Insofern dient der Einleger nicht nur der Zusammenfassung des in Klasse 4 Gelernten, sondern auch während der Bearbeitung des Heftes als Nachschlageinstrument.
Gesammelt von Klasse 1 bis 4 ergeben die Einleger auch ein gutes Kompendium für Klasse 5.

2 Stoffverteilung des Arbeitsheftes 4

Seiten	**Lernziele/Lerninhalte/Themen Heft 4**
Seiten 2–3 Thema:	**Übungswörter aus dem Grundwortschatz auswendig aufschreiben** **Rechtschreibstrategien sichern** – Bereits gelernte Strategien an neuem Wortmaterial anwenden „Verträumter Schulanfang"
Seiten 4–5	**Rechtschreibstrategien sichern** **Mit dem Wörterbuch selbstständig umgehen**
Seite 6	**Wahrnehmung schulen und Strukturen erkennen** – Lautqualitäten unterscheiden – langer und kurzer Vokal
Seiten 7–9	**Rechtschreibstrategien erweitern** – Strategie der Mitlautverdopplung kennen und anwenden
Seite 10	**Rechtschreibstrategien erweitern** – Wörter mit doppeltem Mitlaut: Sonderfall tz
Seite 11	**Rechtschreibstrategien erweitern** – Wörter mit doppeltem Mitlaut: Sonderfall ck
Seiten 12–13	**Wahrnehmung schulen und Strukturen erkennen** **Wörter strukturieren** – Besonderheiten deutlich machen, markieren **Rechtschreibstrategien erweitern** – Strategie der Mitlautverdopplung kennen und anwenden – Wörter mit orthographischen Merkstellen erarbeiten, einprägen und anwenden – Wörter mit ß

Seiten	Lernziele/Lerninhalte/Themen Heft 4
Seite 14	**Rechtschreibstrategien erweitern** – Wörter mit orthographischen Merkstellen erarbeiten, einprägen und anwenden – Wörter mit v/V – Wörter in eigenen Sätzen anwenden **Wahrnehmung schulen und Strukturen erkennen** – Wörter strukturieren – Besonderheiten deutlich machen, markieren
Seiten 15	**Rechtschreibstrategien erweitern** – Wörter mit orthographischen Merkstellen erarbeiten, einprägen und anwenden – Wörter mit dem ks-Laut (chs, cks, ks, x) **Wahrnehmung schulen und Strukturen erkennen** – Wörter strukturieren – Besonderheiten deutlich machen, markieren
Seiten 16–17	**Rechtschreibstrategien sichern** – Wörter, Sinnschritte und Sätze sicher aufschreiben
Seiten 18–19 Thema:	**Übungswörter aus dem Grundwortschatz auswendig aufschreiben** **Rechtschreibstrategien sichern** – Bereits gelernte Strategien an neuem Wortmaterial anwenden – Wörter, Sinnschritte und Sätze sicher aufschreiben gelernte Aufschreibstrategie selbstständig einsetzen „Umweltsünden“
Seiten 20–21	**Rechtschreibstrategien erweitern** – Morphematische Zusammenhänge kennen – Wortstamm in Wörtern erkennen, Ableitungen
Seiten 22–25	**Wahrnehmung schulen und Strukturen erkennen** – Wörter strukturieren – in Sprech- und Schreibsilben zerlegen – Besonderheiten deutlich machen **Rechtschreibstrategien erweitern** – Strategie der Mitlautverdoppelung kennen und anwenden – in Schreibsilben trennen – Grundformbildung – Mehrzahlbildung – Vergleichsformen bilden – Wörter in eigenen Sätzen anwenden

Seiten	Lernziele/Lerninhalte/Themen Heft 4

Seiten 26–29	**Rechtschreibstrategien erweitern**
	– Wörter mit orthographischen Merkstellen erarbeiten, einprägen und anwenden
	  – Wörter mit Dehnungs-h
	  – Wörter in eigenen Sätzen anwenden
	  – Wörter mit silbentrennendem h
	– Wörter, Sinnschritte und Sätze sicher aufschreiben gelernte Aufschreibstrategie selbstständig einsetzen
	Wahrnehmung schulen und Strukturen erkennen
	– Wörter strukturieren
	  – Besonderheiten deutlich machen, markieren

Seiten 30–31 Thema:	**Übungswörter aus dem Grundwortschatz auswendig aufschreiben** **Rechtschreibstrategien sichern** – Bereits gelernte Strategien an neuem Wortmaterial anwenden – Wörter, Sinnschritte und Sätze sicher aufschreiben gelernte Aufschreibstrategie selbstständig einsetzen „Eine besondere Wahl"

Seiten 32–35	**Wahrnehmung schulen und Strukturen erkennen**
	– Wörter strukturieren
	  – Lautqualitäten unterscheiden – Wörter mit ie, lang gesprochenem i und ieren
	  – Besonderheiten deutlich machen, markieren
	Rechtschreibstrategien erweitern
	– Wörter mit orthographischen Merkstellen erarbeiten, einprägen und anwenden
	  – Wörter mit ie, lang gesprochenem i und ieren
	  – Wörter in eigenen Sätzen anwenden

Seiten 36–37 Thema:	**Übungswörter aus dem Grundwortschatz auswendig aufschreiben** **Rechtschreibstrategien sichern** – Bereits gelernte Strategien an neuem Wortmaterial anwenden – Wörter in eigenen Sätzen und Texten anwenden „Straßenfest"

Seite 38–39	**Rechtschreibstrategien erweitern und sichern**
	– Wörter mit orthographischen Merkstellen erarbeiten, einprägen und anwenden
	  – Wörter mit ä und äu, mit und ohne Ableitung
	  – Wörter in eigenen Sätzen anwenden
	Wahrnehmung schulen und Strukturen erkennen
	– Wörter strukturieren
	  – Besonderheiten deutlich machen

Seiten 40–41	**Rechtschreibstrategien sichern** **Fehler zunehmend eigenverantwortlich mit den gelernten Strategien auffinden und berichtigen**

Seiten	**Lernziele/Lerninhalte/Themen Heft 4**
Seiten 42–43	**Rechtschreibstrategien sichern** **Mit dem Wörterbuch selbstständig umgehen**
Seiten 44–45 Thema:	**Übungswörter aus dem Grundwortschatz auswendig aufschreiben** **Rechtschreibstrategien sichern** – Bereits gelernte Strategien an neuem Wortmaterial anwenden – Wörter in eigenen Sätzen anwenden „Besuch in der Steinzeit“
Seiten 46–47	**Wahrnehmung schulen und Strukturen erkennen** **Rechtschreibstrategien erweitern und sichern** – in Wortbausteine zerlegen: Vorsilben – Wörter in eigenen Sätzen anwenden – Wörter, Sinnschritte und Sätze sicher aufschreiben gelernte Aufschreibstrategie selbstständig einsetzen
Seiten 48–49	**Wahrnehmung schulen und Strukturen erkennen** **Rechtschreibstrategien erweitern und sichern** – in Wortbausteine zerlegen: Nachsilben – Wörter, Sinnschritte und Sätze sicher aufschreiben gelernte Aufschreibstrategie selbstständig einsetzen

Seiten 50–51	**Rechtschreibstrategien erweitern**
	– Morphematische Zusammenhänge kennen
	  – Zusammensetzungen
	  – Wörter mit Fugen-s

Seiten 52–53 Thema:	**Übungswörter aus dem Grundwortschatz auswendig aufschreiben** **Rechtschreibstrategien sichern** – Bereits gelernte Strategien an neuem Wortmaterial anwenden – Wörter in eigenen Texten anwenden – Wörter, Sinnschritte und Sätze sicher aufschreiben gelernte Aufschreibstrategie selbstständig einsetzen „Pläne für die Zukunft“

Seite 54	**Rechtschreibstrategien erweitern und sichern**
	– Wörter mit orthographischen Merkstellen erarbeiten, einprägen und anwenden
	  – Wörter mit doppeltem Selbstlaut
	  – Wörter in eigenen Sätzen anwenden
	– Wörter, Sinnschritte und Sätze sicher aufschreiben gelernte Aufschreibstrategie selbstständig einsetzen
	Wahrnehmung schulen und Strukturen erkennen
	– Wörter strukturieren
	– Besonderheiten deutlich machen, markieren

Seiten	Lernziele/Lerninhalte/Themen Heft 4
Seite 55	**Rechtschreibstrategien erweitern** – Wörter mit orthographischen Merkstellen erarbeiten, einprägen und anwenden – Fremdwörter – Rechtschreibbesonderheiten markieren – Wörter in eigenen Texten anwenden
Seiten 56–57	**Rechtschreibstrategien erweitern und sichern** – Vorangestellter und nachgestellter Redebegleitsatz – Wörter, Sinnschritte und Sätze sicher aufschreiben – gelernte Aufschreibstrategie selbstständig einsetzen – Fehler zunehmend eigenverantwortlich mit den gelernten Strategien auffinden und berichtigen – Anwenden beim Überarbeiten von Texten
Seiten 58–59	**Rechtschreibstrategien erweitern und sichern**
Seiten 60–61 Thema:	**Übungswörter aus dem Grundwortschatz auswendig aufschreiben** **Rechtschreibstrategien sichern** – Bereits gelernte Strategien an neuem Wortmaterial anwenden – Wörter, Sinnschritte und Sätze sicher aufschreiben – gelernte Aufschreibstrategie selbstständig einsetzen – Fehler zunehmend eigenverantwortlich mit den gelernten Strategien auffinden und berichtigen – Anwenden beim Überarbeiten von Texten „Auskünfte im Internet“
Seiten 62–63 Thema:	**Übungswörter aus dem Grundwortschatz auswendig aufschreiben** **Rechtschreibstrategien sichern** – Bereits gelernte Strategien an neuem Wortmaterial anwenden – Wörter in eigenen Sätzen und Texten anwenden „Immer wieder anders schreiben“
Seiten 64–65	**Das kannst du schon**
Seiten 66–68	**Wörterverzeichnis**
Seite 69	**So kannst du erfolgreich aufschreiben**
Seite 70	**So kannst du Fehler vermeiden**
Einleger	**Das hast du in der vierten Klasse gelernt**

3 Zielsetzung des Lehrgangs

3.1 Vermittlung eines Grundwortschatzes als Basis von Rechtschreibenkönnen

Der Versuch, Schüler das Rechtschreiben allein über die Vermittlung von Regelwissen und lautgetreuem Schreiben erlernen zu lassen, wäre von vornherein zum Scheitern verurteilt. Zum einen führt Regelwissen aufgrund der Inkonsequenz des Regelsystems (zahlreiche Regeln haben Ausnahmen) nicht automatisch zur richtigen Regelanwendung, zum anderen besteht ein nicht unwesentlicher Teil des Rechtschreibenlernens auch darin, sich nicht lautgetreue Schreibungen anzueignen. In der Diskussion um die Ziele des Rechtschreibunterrichts in der Grundschule wird daher heute weitgehend empfohlen, die Kinder einen Grundwortschatz (verschiedenerseits auch als Mindest-, Häufigkeits-, Gebrauchs- oder Arbeitswortschatz bezeichnet) erlernen zu lassen, der nach der Häufigkeit des Gebrauchs, den Erfordernissen von Umwelt und Unterricht und der Bedeutsamkeit für das Kind ausgewählt ist. Die Forderung, Schülern Sicherheit in der Schreibung eines solchen Wortschatzes (in Lehrplänen für die Grundschule weitgehend vorgegeben) zu vermitteln, lässt sich einsichtig begründen: Nach Oehler ist man mit den 1000 häufigsten Wörtern unserer Schriftsprache und ihren Formen orthografisch zu 80 % sicher; wer die 4000 häufigsten Wörter und ihre wichtigsten Formen beherrscht, kann Normaltexte zu 95 % richtig schreiben. Es ist daher nahe liegend, sich im Unterricht mit dem im natürlichen Sprachgebrauch am häufigsten verwendeten Wortmaterial zu beschäftigen; der Gedanke ist nicht neu – er ließ schon Petersen die Lehrer auffordern, sich im Rechtschreibunterricht auf „ein pflegerisches Einüben der wirklich gebrauchten 800–900 Wörter zu beschränken". Die Festlegung eines ausgewählten und zahlenmäßig begrenzten Wortschatzes wirkt sich im Rechtschreibunterricht in mehrfacher Hinsicht vorteilhaft aus. Konzentriert sich die unterrichtliche Arbeit auf das Einüben der am häufigsten vorkommenden Wörter, so werden Schüler motiviert: Die Lernaufgaben erscheinen ihnen erreichbar – weil überschaubar – sie sehen die Chance, durch intensives Üben Erfolg zu haben. Die besondere Bedeutung der Arbeit an einem Grundwortschatz liegt jedoch nicht im listenmäßigen Einüben von Einzelwörtern: Von einem begrenzten und intensiv geübten Wortschatz ist ein rechtschriftlicher Transfereffekt zu erwarten. Von einem festen Bestand von Grundwörtern aus kann der Schüler auf die Schreibweise weiterer Wörter schließen, gewinnt er Einblick in orthografische Gesetzmäßigkeiten. Schließlich ergibt sich aus der Arbeit mit einem Grundwortschatz die Möglichkeit einer präzisen Lernzielbestimmung, einer exakteren Lernzielkontrolle und einer besseren Transparenz der Beurteilung.

3.2 Vermittlung von Rechtschreibstrategien im Rechtschreibenlernen

Der kompetente Schreiber ist nicht darauf angewiesen, nur Schreibweisen von Wörtern aus dem Gedächtnis abzurufen, er verfügt vielmehr auch über Strategien, die es ihm ermöglichen, sich die Schreibweise von Wörtern zu erschließen. Es gilt daher bereits im Rechtschreibunterricht der Grundschule, schrittweise beginnend schon in der 1. Jahrgangsstufe, Kinder mit den Gedankenschritten vertraut zu machen, die ihnen helfen sich Schreibungen zu erschließen. Es gilt daher, ihnen bereits in Jahrgangsstufe 2, ganz besonders aber dann in den Jahrgangsstufen 3 und 4 gezielt bewusst zu machen, dass sich die Schreibweise der Wörter unserer Sprache entsprechend der Struktur der deutschen Orthografie in lautgetreue und auch nicht ableitbare Schreibungen einteilen lässt. Demnach müssen Kinder lernen Wörter nach lautgetreuen, regelgeleiteten und nicht ableitbaren Schreibungen zu unterscheiden. Folgerichtig werden in unserem Arbeitsheft die bereits erworbenen Strategien des Mitsprechens, des Einprägens/Merkens und des Nachdenkens an entsprechendem Wortmaterial einsichtig gemacht und gesichert, wie dies der folgende Abschnitt aus Arbeitsheft 4 zeigt.

Arbeitsheft 4. Schuljahr, Seite 58/59

Hilfen zum richtigen Schreiben

❶ deutlich mitsprechen und hören	Es gibt Wörter, bei denen jeder Buchstabe bzw. jede Buchstabenverbindung (ch, sch) als Laut zu hören ist. Diese Wörter kannst du so schreiben, wie du sie hörst und sprichst. Prüfe, bei welchen der folgenden Wörter dir deutliches Sprechen und genaues Hinhören hilft, sie richtig zu schreiben. Unterstreiche sie. Banane Limonade See Gemüse schauen Draht Straßenbahn Woche schreiben Fichte Verkehr Saal
❷ an gelernte Regeln denken	Es gibt Wörter, deren Schreibweise du herausfinden kannst, wenn du gelernte Regeln anwendest, z. B.: – Wörter verlängern (Bild – Bil - **d**er) – Wörter von einem verwandten Wort ableiten (tr**äu**men – Tr**au**m) – auf Wortbausteine achten (**g**lück**lich**, **I**mpf**ung** …) – die Grundform bilden und in Silben trennen (dre**h**t – dre - **h**en, …) Sprich mit deinem Partner darüber, welche der gelernten Regeln du anwenden kannst, um die folgenden Wörter richtig zu schreiben. Heizung Wald Rätsel er geht Burg lang Mäuse freundlich schmerzlos aufräumen Freiheit es glüht
❸ Merkstellen einprägen	Es gibt Wörter, bei denen dir Mitsprechen und Nachdenken über Gelerntes nicht hilft. Du schreibst sie nur dann richtig, wenn du dir die Merkstelle eingeprägt hast. Welche der folgenden Wörter enthalten Merkstellen? Unterstreiche sie. Frühling Waage Hexe Gebäude zeichnen wild schalten Höhle Moos er steht hängen Fuchs

Auf eine konsequente Anwendung der Begriffe Mitsprechwörter, Merkwörter und Nachdenkwörter verzichten wir in unserem Arbeitsheft 4 (wie schon in Arbeitsheft 3) ganz bewusst, da Rechtschreibstrategien als individuelle innere Denkhandlungen der Kinder verstanden werden können, denen sie beim Schreiben folgen. Demnach können Kinder Wörter durchaus unterschiedlichen Kategorien zuordnen; sie unterscheiden – je nach Lernniveau – selbst, was für sie ein Mitsprechwort, ein Merkwort oder auch ein Nachdenkwort ist. Es geht uns ausschließlich um den Erwerb von Lernstrategien, nicht um eine bloß formale Unterscheidung.

1. Welche der Hinweise von Seite 58 helfen dir, richtig zu schreiben? Ordne alle Wörter der Aufgaben 1, 2 und 3 von Seite 58 hier ein.

❶ **deutlich mitsprechen und hören**	schalten, lesen,
❷ **an gelernte Regeln denken**	Tag – Ta - ge, Korb – Kör - be, Bäume – Baum, kräftig – Kraft, Bewegung, Blindheit, gesetzlich, fehlerlos, blüht – blü - hen,
❸ **Merkstellen einprägen**	Lexikon, Haar, wachsen,

2. Welche Wörter dieser Seite würdest du gerne im Wörterbuch nachschlagen, bevor sie dir diktiert werden? Schreibe sie auf.

Das lautgetreue Schreiben als selbstverständliche Grundlage des Rechtschreibens – Kindern bereits im ersten und zweiten Schuljahr vermittelt – wird im dritten und vierten Schuljahr konsequent fortgeführt und vertieft. Die Strategie des lautgetreuen Schreibens wird geübt:

- durch das Mitsprechen in kleineren Einzelheiten (nach Möglichkeit in isolierbaren Sprechlauten),
- durch das begleitende Abhören der Laute in den Wörtern und das nachfolgende Umsetzen in eine Buchstabenfolge,
- durch das Unterscheiden der Klangnuancen von Lauten,
- durch das Gliedern der Wörter in Silben mit silbenweisem Sprechen, also ein langsames und klar gegliedertes Sprechen der zu schreibenden Wörter.

Lautsprachliche Grundlage darf dabei allerdings auf keinen Fall die Umgangssprache sein, die Aussprache der Wörter muss der Schriftsprache angeglichen sein. Für manche Kinder ist es dringend nötig, Laut-/Buchstabenfolge und die eigene Artikulation exakt zu vergleichen.
Das nachfolgende Beispiel aus unserem Arbeitsheft 4 soll verdeutlichen, an welchen Übungen Kindern die Grundstrategie lautgetreuen Schreibens bewusst gemacht werden soll bzw. sie sie erwerben sollen.

Arbeitsheft 4. Schuljahr, Seite 2, Aufgaben 2–4

2. Sprich die **Übungswörter** deinem Partner so deutlich vor, dass er jeden Laut hört.

3. Schreibe die zwei Wörter auf, bei denen die Zahl der Buchstaben und die Zahl der Laute übereinstimmen.

4. Schreibe die elf **Übungswörter** auf, die mehr Buchstaben als Laute haben.

Das Erlernen einer regelgeleiteten Strategie ist erforderlich für die Schreibung von Wörtern, deren lautabweichende Schreibung sich durch eine übergeordnete Regel oder durch Ableitung von einem bereits bekannten Lernwort (Anwendung des morphematischen Prinzips) begründen lässt; die nicht mehr lautgetreue Schreibung lässt sich dann durch Nachdenken erschließen. Bei diesen „Nachdenkwörtern" geht es darum, zum einen die Schreibweise zu begründen, zum Zweiten die Rechtschreibbesonderheit zu benennen, z. B. „Sand, Land …" reimen sich auf „Hand" (morphematische Übereinstimmung/Regelteil), deshalb Schreibung mit „d" am Wortende (Schlussfolgerung), oder: „Bälle" kommt von „Ball" (Ableitung/Regelteil), deshalb Schreibung mit „a" (Schlussfolgerung). Keiner dieser beiden Teile des Nachdenkvorgangs darf fehlen, wenn die Transferleistung auf unbekannte Wörter gelingen soll; das Zuendedenken an Nachdenkwörtern muss daher geübt werden.

Während das Anwenden regelgeleiteter Strategien im Rechtschreibunterricht der ersten Jahrgangsstufe noch sehr behutsam angebahnt wird, wurde das Entdecken logischer Hilfen in Jahrgangsstufe 2 bereits gezielt gefördert. In Jahrgangsstufe 3 und natürlich ganz besonders in Jahrgangsstufe 4 wird dies konsequent fortgeführt – auf die Strategie des Nachdenkens wird verstärkt Augenmerk gelegt. Dies geschieht zum einen durch das Erarbeiten von Regelhaftigkeiten, die als Merkhilfen formuliert werden, zum anderen durch Einbringung von Sprachwissen, das im Bereich Sprachbetrachtung erworben wurde – das Ableiten von Wortformen spielt dabei eine wesentliche Rolle; die folgenden Beispiele aus Arbeitsheft 4 belegen dies.

Arbeitsheft 4. Schuljahr, Seite 20, Aufgaben 1–2

Wortfamilien am Wortstamm erkennen

1. Schreibe die Wörter mit dem gleichen Wortstamm untereinander auf.
Unterstreiche den Wortstamm.

wohnen · schrecklich · Fühler · Wohnung · erschrecken · fühlen · wohnlich · Schrecken · Gefühl

-wohn-	-fühl-	-schreck-

Wörter mit dem gleichen Wortstamm gehören zu einer Wortfamilie.
Sie sind miteinander verwandt. Der Wortstamm hilft dir,
alle Wörter einer Wortfamilie richtig zu schreiben.

7

2. Markiere in der Wörterschlange alle Wörter der Wortfamilie **rühren**.
Schreibe sie auf und unterstreiche den Wortstamm.

Arbeitsheft 4. Schuljahr, Seite 38, Aufgabe 2–3

2. Ergänze den Satz:

> Ich schreibe Wörter meist mit **Ä/ä** oder **Äu/äu**, wenn es ein
>
> ______________ Wort mit ________ oder ________ gibt.

20

3. Suche das verwandte Nomen (Namenwort). Ergänze die fehlenden Buchstaben. Unterstreiche **a/ä** und **au/äu**.

der ____________ – die ______rzte
der ____________ – die K______mme
die ____________ – die N______hte
der ____________ – die Tr______me
der ____________ – die Str______ße
die ____________ – die F______ste
der ____________ – die Dr______hte
das ____________ – die L______nder
der ____________ – die P______sse
der ____________ – die R______me
das ____________ – die Kr______ter
die ____________ – die L______se

Die Strategie des Einprägens muss an jenen Wörtern bewusst gemacht werden, deren Abweichung von der lautgetreuen Schreibung Kindern nicht einsichtig gemacht werden kann. Das sind z. B. Wörter mit V/v im Wortstamm (wie Vater), mit Dehnungs-h (wie fühlen), mit doppeltem Selbstlaut (wie Moos), mit nicht ableitbarer Umlautung (wie Käfig), mit ß (wie fleißig) und mit ai (wie Kaiser). An solchen Wörtern müssen die Kinder lernen, dass sie sich die richtige Schreibung weder durch deutliches Sprechen noch durch Nachdenken erschließen können. Wenn auch die Kinder diese „Merkwörter“ speichern müssen, so werden sie doch nicht ausschließlich als Wortbilder gelernt; auch hier ist das Mitsprechen als Grundstrategie beteiligt. Schreibt das Kind z. B. das Wort „Kuh“, so spricht es beim Schreiben mit; beim Schreiben des „u“ sollte es sich dann an das „h“ erinnern und dieses folgerichtig anhängen. Die Rechtschreibbesonderheit wird demnach sowohl visuell–schreibmotorisch wie auch auditiv–sprechmotorisch eingeprägt. Das Trainieren der visuell-schreibmotorischen Lösungshilfe erfordert neben konzentriertem Auffassen der Wörter insbesondere sinnvolle Abschreibübungen mit Blick auf jeweilige Merkstellen, wie dies die folgenden Beispiele verdeutlichen.

Arbeitsheft 4. Schuljahr, Seite 52, Aufgabe 5

2

5. Zeige deinem Partner **Übungswörter**, die für dich Merkstellen enthalten. Unterstreiche diese Merkstellen. Lass dir die Wörter dann diktieren.

Arbeitsheft 4. Schuljahr, Seite 35, Aufgabe 3

3. Unterstreiche **ie** und **i**. Erkläre deinem Partner die Bedeutung der Wörter.

das Lied – das Lid　　　　wieder – wider　　　　der Stiel – der Stil

> Bei einigen Wörtern wird der lang gesprochene **i**-Laut nur mit **i** geschrieben. Du musst sie dir gut merken: zum Beispiel L**i**d, St**i**l, **I**gel, B**i**bel, K**i**no, Benz**i**n; Ru**ine**, Kab**ine**, Kus**ine**.

Das für die Aneignung der Wörter immer wieder notwendige Ab-, Auf- und auch Nachschreiben (auch in Sinnzusammenhängen) erfolgt vor allem in den Aufgaben zur Satzbildung oder des Abschreibens – in der Regel am Ende einer Lerneinheit. Im Sehen, Hören und Sprechen von Sinnschritten, im auswendigen Aufschreiben sowie im Vergleichen und Überprüfen nach dem Schreiben werden die Kinder an wichtige rechtschriftliche Arbeitstechniken herangeführt. Dies zeigt das nachfolgende Beispiel.

Arbeitsheft 4. Schuljahr, Seite 17, Aufgabe 4

> So schreibst du Sätze auf:
> 1. Lies zuerst den ganzen Satz.
> 2. Teile den Satz in kurze Abschnitte ein.
> 3. Merke dir einen Abschnitt. Sprich ihn dir vor.
> 4. Decke diesen Abschnitt ab. Schreibe ihn auswendig auf.
> 5. Vergleiche mit der Vorlage und überprüfe Wort für Wort. Berichtige Fehler.

4. Lies die Geschichte. Schreibe die Sätze dann Abschnitt für Abschnitt auf. Achte auf die unterstrichenen Wörter. Sie enthalten eine Besonderheit.

Gestern war Nina | bei ihrer Freundin Hilde.

___

Sie hat | eine kleine Katze bekommen.

___

Die lag ausgestreckt | auf der Sonnenbank.

___

Die beiden Mädchen | streichelten ihr weiches Fell.

___

Da fing sie an, | laut zu schnurren.

___

Von grundlegender Bedeutung erscheint uns, dass Kinder im Erwerb der Rechtschreibstrategien lernen zwischen lautgetreuen, regelgeleiteten und nicht ableitbaren Schreibungen klar zu unterscheiden. Bewusst vermieden wird von uns in unserem Arbeitsheft die andernorts häufig verwendete Bezeichnung „Lernwort“; wir sind der Auffassung, dass alle Wörterkategorien gelernt werden müssen. So müssen Kinder bei den Mitsprechwörtern (den sog. lautgetreuen Wörtern) lernen, wie sie die Wörter (häufig im Unterschied zu ihrer Umgangssprache) aussprechen müssen, um sie richtig schreiben zu können – ebenso muss bei den Nachdenkwörtern die Art des Nachdenkens von Grund auf gelernt werden. Die Bezeichnung „Lernwort“ mag insofern für Kinder eingängig sein, sie ist jedoch didaktisch (wenn für als Merkwörter einzuprägende Wörter verwendet) irreführend.

3.3 Verbindung von Wortschatzlernen mit dem Lernen von Rechtschreibstrategien

Weil die Fähigkeit zu lautgetreuer Schreibung und der Erwerb von Wortbildern und Regelwissen aufgrund abweichender, nicht lautgetreuer Schreibung jeweils nur eine Bedingung von Rechtschreibkönnen darstellen, ist es sinnvoll, in einer Integration der jeweiligen Lernmethoden deren Vorteile miteinander zu verbinden. Von daher erscheint es sinnvoll, die als Grundwortschatz am häufigsten auftretenden Wörter und Wortformen im Rechtschreibenlernen so zu nutzen, dass die Kinder alle Rechtschreibstrategien, die sie später zum Schreiben ungeübter Wörter brauchen, daran mit erlernen. In der Arbeit an den Wörtern des Grundwortschatzes üben die Kinder genau jene Gedankenschritte ein, die sie befähigen, sich später auch an unbekannten Wörtern deren Schreibung durch Ableitung aus Bekanntem oder durch Regelanwendung zu erschließen. Konkret bedeutet dies für die Arbeit am Grundwortschatz, dass jedes rechtschriftlich zu erlernende Wort zunächst inhaltlich geklärt wird. Danach sind Kinder durch Kennzeichnung der Spracheinheiten des Wortes (z. B. durch Striche oder untergelegte Bogen) zum deutlich gegliederten Lesen aufgefordert sowie dazu, zum jeweils gesprochenen Laut den entsprechenden Buchstaben zu zeigen. Nicht lautgetreu geschriebene Stellen werden unter Angabe der kognitiven Schlussfolgerung genannt („Hände“ mit „a“ weil von „Hand“); schließlich kann auch – zum Teil über häufiges Schreiben – das Einprägen erforderlich sein. Wortschatz- und Strategielernen ergänzen sich danach insofern, dass Kinder sich letztlich die Schreibweise von immer mehr Wörtern erschließen können und weniger Schreibungen lernen müssen. Alle rechtschriftlichen Arbeitsaufträge müssen daher auch – je nach Wortmaterial – alle für das Rechtschreibenkönnen wichtigen Grundstrategien berücksichtigen, wie dies die Abbildung auf Seite 19 verdeutlicht.
Entsprechend werden die Schreibweisen von Wörtern in den Aufgabenstellungen unserer Arbeitshefte danach visuell-motorisch (z. B. Abschreiben durch Zuordnen von Wörtern zu Bildern, Worterkennungsübungen wie Geheimschriften u. Ä.), akustisch-sprechmotorisch (so durch deutlich artikuliertes Lesen, Silbenübungen, Einsetzübungen, Aufbauübungen mit Purzelwörtern u. Ä.) und auch auf logischem Weg (so in Analogieübungen wie Reimbildungen, Reihenbildung bei Umlautungen) erlernt.

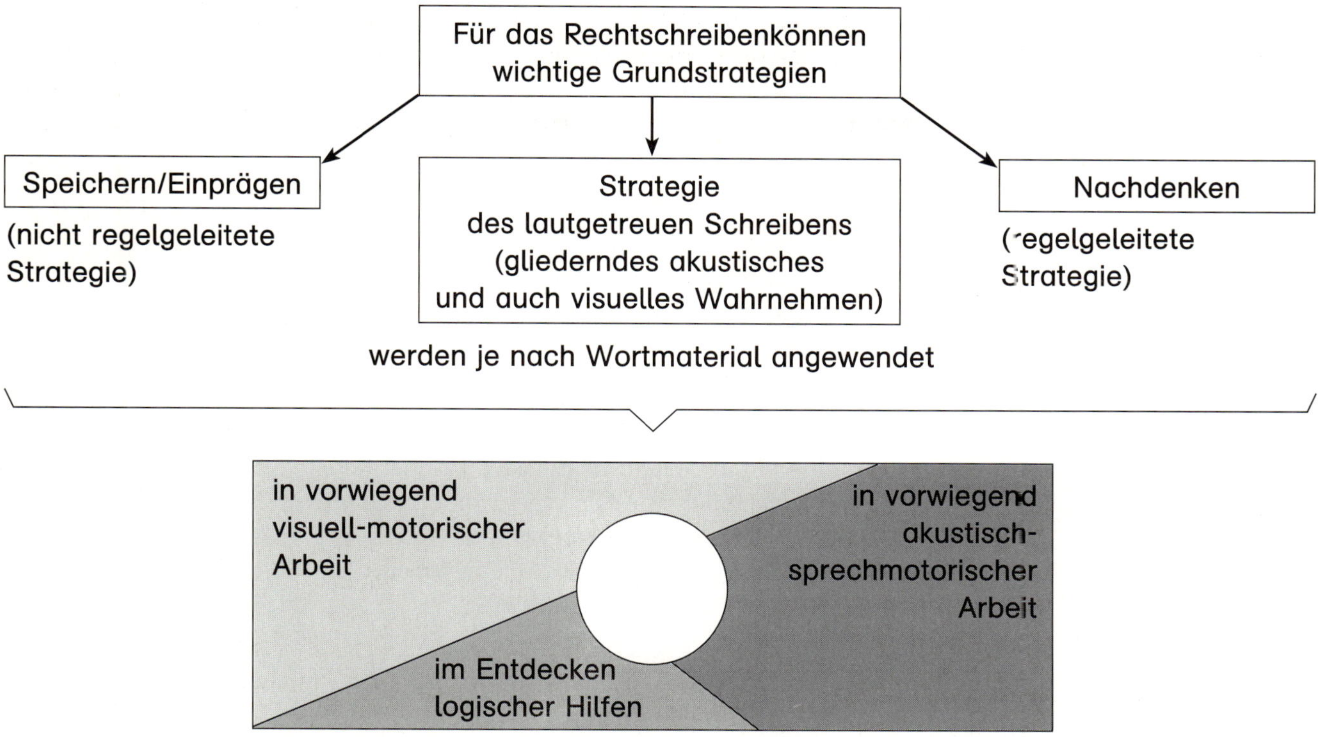

3.4 Arbeit mit dem Wörterbuch

Das Wörterbuch, vielfach auch als „mechanische" Lösungshilfe bezeichnet, ist ein unverzichtbares Hilfsmittel für das richtige Schreiben, nicht nur deswegen, weil eine vollständige Beherrschung der deutschen Rechtschreibung kaum erreichbar ist.

Wesentliche Zielsetzung in der Arbeit mit dem Wörterbuch ist es, den Schüler über den sicheren Umgang damit auch im Rechtschreiben zur Selbstständigkeit zu erziehen. Da das Nachschlagenkönnen sich aber nicht von selbst ergibt oder „nebenbei" erworben wird (das Aufsuchen von Wörtern im Wörterbuch dauert häufig unangemessen lang), muss der Gebrauch des Wörterbuches nicht nur in einem gründlich geplanten Lehrgang eingeführt, sondern auch beständig geübt werden.

Mit dem Erlernen des Alphabets konnte die Arbeit mit dem Wörterbuch zwar bereits in Jahrgangsstufe 1 angebahnt werden, Wörter gezielt nach der Ordnung des Alphabets nachschlagen lernten Schüler jedoch erst in Jahrgangsstufe 2. – Voraussetzung hierfür waren sichere Kenntnis der Reihenfolge der Buchstaben im Alphabet, wie auch Groborientierung innerhalb des Alphabets.

Die Technik des Nachschlagens – in Jahrgangsstufe 3 ausgebaut – wird in Jahrgangsstufe 4 erweitert und vertieft. Die Schüler lernen, über eine Groborientierung im Wörterbuch wie auch den Umgang mit weiteren Leithilfen gesuchte Wörter rascher aufzufinden. Darüber hinaus wird auch die Arbeit im Bereich der Wortfindetechnik gezielt fortgeführt. Der Schüler muss wissen, dass Wörter, die er sucht, nicht immer so im Wörterbuch stehen, wie er sie schreiben muss. Er muss daher lernen, wie er sie durch Verändern (u. a. über die Einzahlform der Nomen, die Grundform der Verben, Ableitung vom Stammwort …) finden kann. Die folgenden Beispiele aus Arbeitsheft 4 zeigen, welcherlei Übungen zum Erlernen der Nachschlage- wie auch der Wortfindetechnik angesetzt werden.

Arbeitsheft 4. Schuljahr, Seite 42, Aufgabe 1

1. Ergänze die Seitenangaben aus deinem Wörterbuch.

Suchgruppe I a b c d e f g h S. ___ bis S. ___	Suchgruppe II i j k l m n o p qu S. ___ bis S. ___	Suchgruppe III r s t u v w x y z S. ___ bis S. ___

5

Du kannst ein Wort in deinem Wörterbuch rascher finden, wenn du die Buchstaben des Abc in Suchgruppen einteilst.
So findest du schnell das Wort **Wecker**:
Zuerst in die **Suchgruppe 3** greifen. → Dort den Buchstaben **W** aufschlagen. → Hier findest du das Wort **Wecker**.

Arbeitsheft 4. Schuljahr, Seite 43, Aufgabe 5

5

Verben (Tunwörter) in der Personalform findest du im Wörterbuch nur unter ihrer Grundform.

5. Schlage zu den folgenden Personalformen die Grundform im Wörterbuch nach. Schreibe dann eine weitere Form des gleichen Verbs (Tunworts) auf.

	Grundform	Dort steht auch
er sprach	______ S. ___	______
es geschah	______ S. ___	______
du gewannst	______ S. ___	______

Wenn Schüler an effektive Arbeit mit einem Wörterbuch herangeführt werden sollen, so muss alphabetisches Üben und Nachschlagen kontinuierlich und nicht nur einmalig erfolgen. Darüber hinaus muss ein Wörterbuch, wo immer nötig (beim Überprüfen geschriebener Texte), benützt werden können. Schüler können dabei Wörter, die sie nachschlagen möchten, während des Schreibens z. B. durch einen Punkt markieren – die Gelegenheit, die Richtigkeit des Geschriebenen zu überprüfen, dient sowohl der Rechtschreibmotivation wie auch der Fehlersensibilisierung. Der Griff nach dem Wörterbuch ist insofern nicht Schwäche, sondern Ausdruck einer rechtschreibbewussten Arbeitshaltung.

3.5 Umgang mit Fehlern

Fehler wurden in der Vergangenheit ausschließlich als negative Erscheinung gesehen. Ein konstruktiver Umgang damit wurde kaum angestrebt. Es kommt uns daher darauf an, Schüler im Überprüfen von Geschriebenem gezielt gelernte Lösungshilfen/Strategien anwenden zu lassen. Der Wert von Erlerntem wird dabei nicht nur einsichtig, Schüler werden dabei auch beim eigenen Schreiben für mögliche Fehler sensibilisiert, kommen zu einer kritischeren Einstellung ihrer eigenen Schreibung gegenüber. Dazu können das Berichtigen von Fehlern unter Anwendung erlernter Rechtschreibstrategien (s. folgendes Beispiel aus Arbeitsheft 4), aber auch fehlerspezifische Hinweise der Lehrkraft beitragen.

Arbeitsheft 4. Schuljahr, Seite 40, Aufgaben 1–2

1. Vergleiche Wort für Wort.
Streiche fehlerhaft geschriebene Wörter durch.

Umzug
Tim ist mit seinen Eltern letzte Woche umgezogen. Die neue Wohnung ist größer und liegt auch in einer ruhigen Gegend. Tim hat nun ein großes helles Zimmer mit ganz tollen Möbeln. Besonders gerne sitzt er an seinem Schreibtisch in dem bequemen Stuhl, den ihm seine Oma geschenkt hat. Aber noch fehlen passende Vorhänge und einige Bilder an der Wand.

Umzug
Tim ist mit seinen Elten lezte Woche umgezogen. Die neue Wonung ist gröser und ligt auch in einer ruhigen Gegnd. Tim hat nun ein großes helles Zimer mit ganz tollen Möbln. Besonders gerne sizt er an seinem Schreibtisch in dem bekwemen Stul, den ihm seine Oma geschenkt hat. Aber noch felen passende Vorhenge und einige Bilder an der Want.

2. Schreibe die fehlerhaft geschriebenen Wörter hier richtig auf.
Markiere die verbesserte Stelle.

Überlege, warum die Fehler passiert sind:
Habe ich ❶ nicht deutlich gesprochen?
❷ mir eine Besonderheit nicht eingeprägt?
❸ nicht an eine gelernte Hilfe gedacht?

4 Der Grundwortschatz des Lehrplans für die Grundschule in Bayern als Basis

Der Lehrplan für die Grundschule in Bayern gibt insgesamt ca. 700 nach Häufigkeit, Kind- und Regelbedeutsamkeit ausgewählte Wörter als Grundwortschatz vor. Davon werden ca. 100 für alle Jahrgangsstufen gemeinsam als besonders häufig ausgewiesen; sie sollen – da sie sich für wortspezifisches Üben nicht eignen – durch häufigen Gebrauch erworben werden. Danach werden ca. je 300 Wörter den Jahrgangsstufen 1/2 und 3/4 zugewiesen; dieser ausgewählte Wortschatz ist als Schreibwortschatz, nicht als Sprechwortschatz zu verstehen; er kann durch individuelles Wortmaterial aus dem Unterricht oder aus individuellen Schreibanlässen der Kinder heraus ergänzt werden.
Der Grundwortschatz für die Jahrgänge 3/4 befindet sich im Arbeitsheft 4 auf den Seiten 66–68.

5 Zum Stellenwert von Texten im Rechtschreibunterricht

Die Verwendung von Texten für das Rechtschreibenlernen wird in der Gegenwart von nicht wenigen abgelehnt. Die Kritik mag dort berechtigt sein, wo das Üben des Wortmaterials im Rahmen der Arbeit an Nachschriften – häufig als unsystematisches Auswendiglernen – nur zu kurzfristiger Sicherung desselben führt, weil ein ausschließliches Wortbildlernen für eine nachfolgende Kontrolle Kinder auf der Stufe ihrer Lernvoraussetzungen belässt und zu einem systematischen Erwerb von Rechtschreibstrategien keinen Beitrag leistet. Dies ist jedoch eher eine Frage des Einsatzes bzw. der Verwendung von Texten im Rechtschreibenlernen als die ihres eigentlichen Sinnes. Texte – richtig eingesetzt – können durchaus eine sinnvolle Grundlage für das Rechtschreibenlernen sein. Sie sind aus folgenden Gründen nach wie vor ein wichtiger Bestandteil eines fachgerechten Rechtschreibunterrichts:

- Rechtschreibunterricht ist immer Sprachunterricht. So wenig wie es Inhalte ohne Sprache gibt, so wenig gibt es auch Sprache ohne Inhalte. Texte sind danach ein Mittel Wörter in sinnvollen Zusammenhängen und von ihrer inhaltlichen Seite her geklärt vorzustellen. Sicherlich sind eine Reihe von Wörtern Inhaltsträger auch ohne Text, ebenso steht aber auch fest, dass es Schreibweisen gibt, die nur aus Sinnzusammenhängen (also Texten, in welcher Form auch immer) ableitbar sind (Wörter wie z. B. Lied/Lid, Leib/Laib …) und dass das Erlernen, Üben und Sichern der sog. Strukturwörter (auch häufig gebrauchte Wörter genannt, z. B. auf, in, ihn …) der Schülerin oder dem Schüler nur in Sinnzusammenhängen (weil diese Wörter isoliert keine Inhaltsträger sind) sinnvoll erscheinen kann.

- Texte, die einen Sinnzusammenhang fixieren, machen Kindern Erfahrungen aus ihrer Umwelt bewusst, tragen zu Begriffsklärungen bei, fordern zu sprachlicher Auseinandersetzung mit den angebotenen Inhalten heraus und leisten so auch einen Beitrag zur Förderung der allgemeinen Sprachfähigkeit. Sie können – gerade für schwächere Schüler – auch ein Instrument der Sprachanregung sein.

- Texte, deren sachlicher Inhalt die Schülerin oder den Schüler anspricht und auch zu einer Antwort herausfordert, motivieren mehr als beziehungsfremdes Üben an Einzelwörtern. Ein Text, mit dem sich die Schülerin oder der Schüler von der Sache her identifiziert, ist mehr als schmackhafter Köder für ein orthografisches Lernziel, er kann Basis sein für zielbewusstes Üben. Schließlich bilden Texte immer wieder auch insofern eine sinnvolle Grundlage für die rechtschriftliche Lernarbeit, als aus ihnen Wörter nicht nur herausgegriffen und geübt, sondern in anderen Zusammenhängen wieder neu angewendet werden. Sie umfassen so letzten Endes mehrere Kommunikationsstrukturen.

- Das Erlernen der Grundstrategie lautgetreuen Schreibens verlangt nicht nur Abschreiben und Aufschreiben, sondern auch ein Schreiben nach Diktat, also Nachschreiben. Natürlich darf dabei nicht das Diktieren als Prüfen im Vordergrund stehen; wenn es die Schüler als Übungssituation erfahren, in der sie ohne Leistungsdruck ausprobieren können, ob sie Lautfolgen in Wörtern in die entsprechende Buchstabenfolge umsetzen oder größere Sinneinheiten (z. B. Sätze) akustisch strukturieren, d. h. einzelne Wörter eines Satzes akustisch voneinander unterscheiden können, so ist ein nachzuschreibender Text didaktisch sehr wohl sinnvoll. Letztendlich gibt ein Nachschreiben als ausprobierendes Üben dem Lehrer Aufschluss über noch erforderliche Nacharbeit, der Schülerin oder dem Schüler danach auch Sicherheit. Es werden dadurch aber auch die Voraussetzungen für möglichst produktive, letztlich doch immer wieder notwendige Lernkontrollen geschaffen. Wenn nur geprüft werden kann, was geübt wurde, muss auch das Nachschreiben von Texten im Rechtschreibunterricht als legitime Übungsform gelten. Danach sehen wir in Aspekten des sprachlichen Lernens, der Motivation und des Übens der Grundstrategien des Rechtschreibens hinreichend Gründe, in unseren Arbeitsheften neben anderen Ausgangssituationen auch Texte als Ausgangssituation von Lerneinheiten zu wählen sowie dem Lehrer in diesem Band (s. Kap. 7) Texte für das übende und auch kontrollierende Nachschreiben (als immer wieder notwendige Bestandsaufnahme) anzubieten.

6 Vorschläge zu Übungen an den zu erlernenden Wörtern

In den Übungsaufgaben unserer Arbeitshefte werden rechtschreibimmanente Grundleistungen wie Sehen, Sprechen, genaues Hinhören, Schreiben und Ableiten, also das Anwenden von Strategien des Rechtschreibenlernens gefordert. Die Abfolge der Aufgaben darf jedoch nicht schematisch den Ablauf der Übungsphase bestimmen. Die Übungsaufgaben zu den Texten verstehen sich als Angebot, aus dem der Lehrer auch im Hinblick auf Maßnahmen innerer Differenzierung flexibel auswählen kann. Keinesfalls darf sich die rechtschriftliche Arbeit ausschließlich am Arbeitsblatt entlang vollziehen; damit würde dem individuellen Leistungsvermögen der Schüler nicht entsprochen, bestünde auch die Gefahr, das Üben des lautgetreuen Schreibens zu vernachlässigen wie auch aufgrund der Einförmigkeit des Arbeitens der Lernunlust. Damit Lerninteresse und Mitarbeitbereitschaft der Schüler in der rechtschriftlichen Übungsarbeit erhalten bleiben, sollte der Lehrer einen Grundsatz besonders beachten:

Nach dem Grundsatz, dass Angebotsvielfalt Übungsbereitschaft weckt, muss rechtschriftliches Üben für das Kind eine im Ablauf variable und alle Lösungshilfen (Lernstrategien) berücksichtigende Lernarbeit sein. Dies soll nachfolgend an einigen Beispielen dargestellt sein:

- Behaltensübungen zum Wortmaterial: Über den Tageslichtprojektor wird kurzzeitig eine größere Anzahl von Wörtern (nur zum Teil neu zu lernende Wörter) gezeigt. Der Schüler soll die ihm bereits bekannten Wörter mündlich oder schriftlich wiedergeben.

- Wortordnungsübungen mit Wortkarten an der Wandtafel.

- Gemeinsames Setzen von Silbenbögen zu Wörtern an der Wandtafel unter artikuliertem Mitlesen.

- Aufbau von Purzelwörtern (oder Wörtern in sog. „Geheimschrift") nach Vorgabe an der Wandtafel oder am Whiteboard.

- Abhörübungen zu Wörtern mit akustisch verwechselbaren Lauten. Die gehörten Laute (z. B. T in Tasche, D in Dame ...) werden durch Nummerierung auf dem Block festgehalten. In gleicher Weise ist diese Abhörübung möglich, wenn die Reihenfolge von Einzellauten (welche der beiden, z. B. r/a hörst du zuerst: Braten, Garten ...) festgestellt werden soll.

1	2	3	4	5	6	7	8
t	d						

Diese Übungen am Wort können mündlich und schriftlich im Wechsel zwischen Frontalunterricht und Stillarbeit erfolgen. Dabei können auch Übungsanweisungen des Arbeitsblattes erst in gemeinsamer mündlicher Arbeit aufgeführt werden, bevor die Schüler sich schriftlich in Alleinarbeit daran versuchen; bei einigen Aufgaben wird dies sicher zweckmäßig sein.
Die Darstellung auf der folgenden Seite ist ein Versuch, die aus unserer Sicht wesentlichen Elemente der Arbeit am Grundwortschatz in Verbindung mit dem Erlernen von Rechtschreibstrategien in einer Übersicht zusammenzufassen. Sie darf jedoch keinesfalls als zeitliches Ablaufschema verstanden werden.

Elemente der Arbeit am Grundwortschatz

Sprachliche Ausgangssituation

Kennenlernen und inhaltliche Klärung der neuen Wörter

Besondere Berücksichtigung sprachlich schwacher Schüler, da eine vollständige inhaltliche Klärung Voraussetzung eines erfolgreichen Worttrainings ist.
Möglichkeiten:
- Zuordnen von Wörtern zu Bildern,
- Umschreibung,
- szenische Darstellung,
- ähnliche/entgegengesetzte Bedeutung vorstellen.

Übungen mit den neuen Wörtern

Übungen zum Erlernen nicht regelgeleiteter Strategien (Einprägen)

In dieser Phase werden die Wörter als Wortganze visuell, akustisch und motorisch eingeübt. Durch stilles und lautes Lesen sowie abwechslungsreiches Ab- und Aufschreiben sollen Wortbild, Wortklangbild und Schriftbild gesichert werden.
Mögliche Übungsformen:
- artikuliertes Vorlesen,
- Luftschreiben, Nachspuren bei gleichzeitigem Mitlautieren,
- Worterkennungsübungen (z. B. „Blitzlesen“ – kurzzeitig gezeigte Wörter nachfahren),
- Wortordnungsübungen (nach der Anzahl der Buchstaben, nach dem Abc ...),
- Berichtigen von Purzel- und Unsinnsätzen,
- Wortrahmen (Geheimschrift).

Übungen zum Erlernen lautgetreuen Schreibens (Strukturieren/Diskriminieren)

Es geht um das Erfassen der Binnenstruktur von Wörtern sowie (je nach Wortmaterial) um das Erkennen von Wortdetails (z. B. das Differenzieren ähnlicher Einzellaute wie d – t). Geübt werden sollte in dieser Phase nach individuellen Schwierigkeiten. Insbesondere für Schüler mit Artikulationsschwierigkeiten sollten gezielte Übungen (akustische Durchgliederung) angeboten werden.
Mögliche Übungsformen:
- Silbenarbeit (Setzen der Silbenbogen, Lösen von Silbenrätseln, Silbensuchübung wie Wagen (Wo) Wa (ge) gen),
- Aufschreiben von Wörtern nach vorgegebenen Signalgruppen,
- Zusammensetzübungen,
- Aufbauübungen (aus der Vorstellung), z. B. „Buchstabenklopfen“: Jedes Klopfen bedeutet einen Buchstaben eines vorher betrachteten Wortes. Die Schüler notieren bei Beenden des Klopfens den im Wort erreichten Buchstaben, also nach fünf Klopfzeichen im Wort „Fabrik“ - - - i.
- Purzelwörter (flächig), Einsetzübungen (Lückenwörter),
- Abhör-, Artikulations- und Einsetzübungen an Wörtern mit akustisch ähnlichen Lauten.

Übungen zum Erlernen regelgeleiteter Strategien (logisches Erschließen von Wortformen)

Über die Grundform hinaus müssen die einzuübenden Lernwörter in den gebräuchlichsten Flexionsformen verfügbar gemacht werden. Durch gezielte Übungen müssen die Personal- und Zeitformen der Verben, Mehrzahlbildungen und Fallsetzungen der Substantive sowie die Steigerungsformen bei Adjektiven gesichert werden. Ferner sind im Rahmen der rechtschriftlichen Transferarbeit Wortableitungen und Wortzusammensetzungen zu beachten.
Mögliche Übungsformen:
- Analogiebildungen (Reimwörter wie „fallen – kn ...“),
- Reihenbildung bei Umlautungen (wie „laufen – Läufer, kaufen – ...“),
- Aufstellen von Wortfamilien (unter Benutzung des Wörterbuches),
- Üben zusammengesetzter und gebeugter Formen.

Feststellung des Lernstandes mit Fehleranalyse

Im Hinblick auf die Weiterarbeit ist eine Bestandsaufnahme notwendig, wo entsprechend am individuellen Leistungsstand besonders nachzuarbeiten ist.

7 Texte zum Nachschreiben

Texte zum Nachschreiben (ob Diktat oder Nachschriften) werden nicht erst in der Gegenwart – als Instrumente der Auslese (Spitta), als Plage der Rechtschreibdidaktik (Mann) oder als überflüssige Tortur (Greil) – in Frage gestellt. Vernachlässigt wird in der Kritik allerdings häufig, dass das Diktieren von Texten nicht immer eine Prüfungssituation mit Notendruck sein muss. Selbstverständlich muss das, was dem Schüler im Schreiben nach Diktat abverlangt wird, vorher sorgfältig aufgebaut und gründlich geübt werden. Dann stellt eine Nachschrift – richtig eingesetzt mit umformulierten Texten im Vergleich zum Übungstext – eine sinnvolle Übungssituation und vor allem eine aussagekräftige Erfolgskontrolle dar.
Im Rechtschreibunterricht geht es sowohl darum, das rechtschriftliche Wissen abzurufen, als auch um die Anwendung gelernter Strategien und Arbeitstechniken. Deshalb beziehen sich die nachfolgend angebotenen Übungsnachschriften auf Ausgangssituationen und Ausgangstexte des Arbeitsheftes, sie sind jedoch umformuliert, sodass verschiedene Rechtschreibleistungen abverlangt werden.
Die folgenden acht Texte können vom Lehrer variabel als Nachschriftentexte, für ein Aufschreibtraining oder auch als Diktat im Sinne einer Lernzielkontrolle verwendet werden. Sie enthalten ausschließlich Wortmaterial, das bis zur jeweils angegebenen Seitenzahl des Arbeitsheftes erarbeitet wurde, und orientieren sich somit konsequent an den Lernvoraussetzungen der Schülerinnen und Schüler. Damit dienen sie nach Abschluss der jeweiligen Erarbeitungs- und Übungsphasen auch dazu, deutlich zu machen, wie groß der Lernerfolg des vorausgegangenen Lernprozesses war und wo noch Nacharbeit und zusätzliche Förderung für den einzelnen Schüler erforderlich sind.
Damit Schüler auch in der Diktatsituation erlernte Strategien anwenden lernen, empfehlen wir sie aufzufordern, während des Diktierens jene Wörter zu kennzeichnen, bei denen sie unsicher sind (evtl. durch einen Punkt) und ihnen anschließend ausreichend Gelegenheit zur Selbstkontrolle (auch mit Verwendung des Wörterbuchs) zu geben. Ziel im Sinne der Förderung von Sicherheit im Schreiben muss weitgehend Fehlerlosigkeit sein. In der Rückmeldung zur Leistung des Schülers darf dann allerdings auch nicht der Fehler im Vordergrund stehen, vielmehr ist der erzielte Erfolg zu würdigen. Dies ist möglich:

- in Form einer verbalen Anerkennung
  (z. B. als Hervorhebung der Zahl richtig geschriebener Wörter oder der richtigen Anwendung einer erlernten Strategie wie „du hast alle Satzanfänge großgeschrieben …")

oder

- in Form einer grafischen Darstellung
  (In einem Balken wird vom Lehrer der (Prozent)-Anteil der richtig geschriebenen Wörter eingetragen. Der Schüler kann daran die Entwicklung seiner Rechtschreibleistung ablesen.)

Die Übungswörter wurden in den Texten fett gedruckt.

Text 1 (zu Seite 2/3)

Jans Baumhaus
Jan erzählt im **Unterricht** vom **Urlaub** bei seinem Großvater. In der vielen **freien** Zeit **bauten** sie zusammen ein Baumhaus. Sie **zeichneten** es vorher auf ein Blatt Papier. Holz und Nägel lagen **bereits** im Schuppen. Großvater **schimpfte**, weil er sich oft mit dem Hammer auf die Finger schlug. Jan arbeitete **schweigend** weiter. Wenn sie **Durst** bekamen, machten sie eine **Pause** und erholten sich am **Strand**. Als das Haus fertig war, **erlaubte** ihm Großvater sogar, dort zu übernachten. Was für ein **Erlebnis**!

(82 Wörter)

Text 2 (zu Seite 18/19)

Umwelttag
Pia und Tim sind entsetzt. Am **Flussufer** liegt viel **Müll** und das Wasser ist stark **verschmutzt**. Abfälle in der **Natur** zu entsorgen ist **verboten**. Obwohl das Übertreten der **Verbote empfindlich** bestraft wird, kommt es immer wieder zur **Verschmutzung** des Flusses. Pia und Tim überlegen, was sie dagegen tun können. Von der **Gemeinde** erfahren sie, dass es **Gesetze** zur Müllentsorgung gibt. Schließlich organisieren sie mit Schülern, Lehrern und Eltern einen **Umwelttag**. Sie wollen darauf aufmerksam machen, wie wichtig der **Schutz** des Flusses für Tiere, Pflanzen und **zuletzt** auch für den Menschen ist.

(92 Wörter)

Text 3 (zu Seite 30/31)

Die geheime Wahl
Faruk geht mit gemischten **Gefühlen** zur Schule. Heute sollen in **geheimer** Wahl zwei **Streit**schlichter **bestimmt** werden. Ob sie **jemanden** finden, der bei Problemen **ruhig** zuhören kann? Er darf aber nicht zu **brav** sein und muss seine Meinung vertreten können. Faruk **schafft** das oft. Er findet die Aufgabe eines Streitschlichters **interessant**. Voller **Erwartungen beginnen** die Schüler mit der Wahl. Endlich ist die **letzte** Stimme ausgezählt. Faruk und Anna sind die **zukünftigen** Streitschlichter. Sie **fühlen** sich **bereit** für ihre wichtige Aufgabe. Tine **ärgert** sich. Sie ist nicht gewählt worden.

(90 Wörter)

Text 4 (zu Seite 36/37)

Fröhliche Lieder
Lisa und Marie **treffen** sich an der Straßenecke. Sie sind aufgeregt. **Bevor** sie heute auf dem Straßenfest auftreten, haben sie unter **Führung** ihrer Musiklehrerin **fleißig** geübt. Sie **hoffen**, dass alles gut geht. **Vielleicht** verdienen sie sogar ein **bisschen** Geld. **Schließlich** beginnen sie mit einem **fröhlichen Lied**. Die Leute klatschen begeistert. Als sie **fertig** sind, liegen viele Münzen in Lisas kleinem Hut. Jetzt sind die beiden Mädchen hungrig. Der **Geruch** von Bratwurst und Zuckerwatte steigt ihnen in die Nasen. Vor dem Bratwurststand greifen sie **glücklich** in ihren Hut. Danach gibt es Zuckerwatte.

(93 Wörter)

Text 5 (zu Seite 44/45)

Im Museum
Die Klasse 4a verbringt den **Nachmittag** im Heimatmuseum. Frau Zahn erzählt, wie die Steinzeitmenschen vor **ungefähr** 10 000 Jahren in **Stämmen** lebten. Viele Gegenstände wie scharfe Messer und dünne **Bohrer fertigten** sie aus Stein **an**. Deshalb heißt dieses Zeitalter Steinzeit. Auf der Suche nach Nahrung **zogen** die Menschen weit **umher**. Sie **krochen** nachts in Höhlen, um nicht zu **frieren**. An den Höhlenwänden entdeckten Forscher Tiermalereien. Hannes **skizziert** auf seinem **Block** ein Mammut. Das beeindruckt ihn besonders. Frau Zahn erzählt, dass ein Mammut etwa so viel **maß** und **wog** wie ein großer Elefant.

(93 Wörter)

Text 6 (zu Seite 52/53)

Pläne für die Zukunft
Julians Opa fragt ihn, für welche Berufe er sich **interessiert**. Für Julian ist die **Wahl** nicht **schwierig**. Weil er sich schon entschieden hat, will er auch nicht **lange** darüber **diskutieren**. Er möchte **Flugzeuge steuern** wie sein Opa. Julian bewundert seinen Großvater sehr. Trotz großer **Schwierigkeiten** hat dieser seinen **Traum** vom Fliegen wahr gemacht. Julian hat bereits einen sehr guten **Plan entwickelt,** wie er sein Ziel erreichen kann. Da er nicht **blind** die Augen **verschließen** will, **informiert** er sich schon jetzt genau darüber, was in diesem Beruf verlangt wird. Dann kann nichts **geschehen**.

(96 Wörter)

Text 7 (zu Seite 60/61)

Auskünfte im Internet

Opa braucht eine **Auskunft**. Er möchte **wissen**, wie viel es kostet, in der **Stadt** einen **Raum** zu mieten. Doch bei seinem Freund Peter glühen die **Drähte**. Das Telefon ist ständig **besetzt**. Opa überlegt. Anna beobachtet ihn. „Ich kann dir das **Internet** erklären", schlägt sie vor. „Du **beginnst** damit, ein Stichwort einzugeben, zum Beispiel **Recycling**. Dann erhältst du jede Menge **nützliche** Informationen darüber. Du kannst über das Internet auch deine **Miete** überweisen." Opa ist sprachlos. „Das hätte ich **niemals** gedacht", sagt er schließlich. „Was mich **betrifft**, so brauche ich nach so viel neuem **Stoff** erst einmal einen ausgedehnten **Spaziergang**."

(101 Wörter)

Text 8 (zu Seite 62/63)

Immer wieder anders schreiben

Tom **blättert** in alten Schulbüchern. Er **gewinnt** den Eindruck, dass manche Wörter dort anders geschrieben sind, als er es gelernt hat. „Die deutsche Rechtschreibung wurde 1996 **geändert**", erklärt ihm seine Mutter. „**Nuss** oder **Pass** wurden bis dahin mit ß geschrieben, das Tunwort **nummerieren** nur mit einem m. Wörter wie **Krieg**, **Kreuz** und **Dummheit** hingegen schreibt man heute noch genauso wie damals." Tom atmet tief ein und sagt: „**Hoffentlich** wird die Rechtschreibung nicht so bald **wieder** geändert." Ob er die vielen **Regeln** jemals **vollständig** beherrschen wird? Seine Mutter flüstert beruhigend: „Das tut fast **niemand**."

(98 Wörter)

8 Lernzielkontrollen/Leistungsfeststellungen für die Jahrgangsstufe 4

Kinder wollen lernen, etwas leisten und mit ihrem Können wachsen. In einem rechten pädagogischen Verständnis erzieht die Grundschule zu Leistung, fordert und beurteilt sie. Leistungsfeststellung in der Grundschule beschreibt den individuellen Lernfortschritt und dient als Grundlage für die weitere Planung des Unterrichts und als Diagnoseinstrument zur individuellen Förderung aller Schüler. (Vgl. Lehrplan für die Grundschulen in Bayern, Juli 2000, Punkt 2.3 Leistung in der Grundschule.)
Nachfolgend werden deshalb sieben Lernzielkontrollen/Leistungsfeststellungen für die Jahrgangsstufe 4 angeboten (als Kopiervorlagen). Sie beziehen sich konsequent auf die Lernsequenzen des Arbeitsheftes und eignen sich jeweils als Abschluss einer Lernsequenz nach den angegebenen Seiten des Arbeitsheftes. Der Komplexität des rechtschriftlichen Lernprozesses und der unterschiedlichen Lernzielvorgaben wegen sind die Anforderungen bei den einzelnen Lernzielkontrollen unterschiedlicher Art mit engem Bezug auf die entsprechenden Seiten des Schülerarbeitsheftes. Folgende Arbeitsheftseiten werden für die jeweilige Lernzielkontrolle vorausgesetzt:

Lernzielkontrolle 1	(2 Seiten):	Arbeitsheft Seiten	04 bis 10
Lernzielkontrolle 2	(2 Seiten):	Arbeitsheft Seiten	11 bis 19
Lernzielkontrolle 3	(2 Seiten):	Arbeitsheft Seiten	20 bis 31
Lernzielkontrolle 4	(2 Seiten):	Arbeitsheft Seiten	32 bis 37
Lernzielkontrolle 5	(2 Seiten):	Arbeitsheft Seiten	38 bis 45
Lernzielkontrolle 6	(2 Seiten):	Arbeitsheft Seiten	46 bis 53
Lernzielkontrolle 7	(2 Seiten):	Arbeitsheft Seiten	54 bis 63

Lernzielkontrolle 1

Name: ______________________ **Klasse:** __________

Datum: ______________________ **Punkte:** __________

1 Schreibe die Wörter nach dem Abc geordnet auf.

Regel reden Rad rechts Rand

____

Licht Leute Lehrer legen laufen

____

kratzen krank krachen Kraut Kranz

____

2 Ordne die folgenden Wörter richtig vor oder nach dem angegebenen Wort ein.

Finger Fichte Film Fibel

______________________ *Fieber* ______________________

meiden Menge Medizin Meer

______________________ *Mehl* ______________________

schwach Seele sieden senden

______________________ *Sekunde* ______________________

3 Entscheide, bei welchen der folgenden Wörter nach dem kurz gesprochenen Selbstlaut der Mitlaut verdoppelt wird und bei welchen nicht. Schreibe sie richtig auf.

Zi mm/m er	He ff/f t	Bri ll/l e	Scha tt/t en
________	________	________	________
Kra ff/f t	ka nn/n te	fa ll/l ten	schwi mm/m en
________	________	________	________
sta rr/r k	ta nn/n zen	Wo ll/l e	schne ll/l er
________	________	________	________

4 Schreibe zu den folgenden Bildern das passende Nomen (Namenwort) auf.

 der L ______________________

 die T ______________________

 der T ______________________

 das B ______________________

 die B ______________________

 das M ______________________

5 Schreibe die folgenden Verben (Tunwörter) abwechselnd in der Grundform oder in der 1. Vergangenheit auf.

Grundform	**1. Vergangenheit**
füllen	Sie ______________ ein Glas mit Wasser.
______________	Ich hoffte auf eine gute Note.
zerren	Der Hund ______________ an der Hose.
______________	Hans kämmte sich lange.
irren	Sie ______________ sich in der Zeit.
______________	Der Ball rollte ins Tor.
küssen	Die Mutter ______________ ihr Baby.
______________	Der Hund bellte laut.

6 Setze **z** oder **zz** oder **tz** richtig ein.

spri___en	Pi___a	Ne___	schmu___ig	bli___en
hei___en	wi___ig	Pil___	schwa___en	Ski___e
Kreu___ung	stu___en	he___en	schü___en	nü___lich

7 Schreibe das passende Nomen (Namenwort) darunter.

______________ ______________ ______________ ______________

Lernzielkontrolle 2

Name: ______________________ **Klasse:** __________

Datum: ______________________ **Punkte:** __________

1 **ck** oder **k**? Ergänze richtig.

bli___en   entde___en   glü___lich   dan___en   trin___en

qua___en   pa___en   schre___lich   drü___en   dun___el

Bä___er   Zu___er   den___en   De___e   Pä___chen

2 Schreibe zu den folgenden Bildern das passende Nomen (Namenwort) auf.

  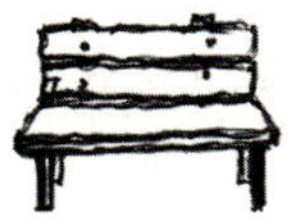  

__________ __________ __________ __________ __________

3 **ss** oder **ß**? Ergänze richtig.

flie___en   grü___en   flo___   Ri___   bei___en

schlie___lich   Bi___   rei___en   Gru___   gie___en   go___

4 Streiche falsch geschriebene Wörter durch.

Größe   Füsse   büssen   außen   draußen   Strauß   süss

Fluß   bißchen   Spieß   Stoß   Fleiß   schiessen   missbilligen

5 Schreibe die Wörter in der Mehrzahl auf.

der Fuß – ______________________

der Strauß – ______________________

der Gruß – ______________________

6 Schreibe die Wörter in der Einzahl auf.

die Bisse – der ______ die Flüsse – der ______

die Kompasse – der ______ die Küsse – der ______

die Pässe – der ______ die Risse – der ______

7 Schreibe das dazugehörende Nomen (Namenwort) dazu.

reißen – der ______ schließen – das ______ passen – der ______

schießen – der ______ beißen – der ______ fassen – das ______

küssen – der ______ fließen – der ______ grüßen – der ______

8 Setze in den folgenden Wörtern **V/v** oder **F/f** richtig ein.

___erien ___ideo ___olk ___eilchen ___ressen

___rei Ad___ent No___ember bra___ Kla___ier

Kie___er ___oll be___or tie___ ___ase ___iel

9 Schreibe sinnvolle Verben (Tunwörter) mit den Vorsilben **ver**- oder **vor**- auf.

brennen schlagen brauchen kommen

______

10 Welche Buchstaben fehlen? Ergänze **chs** oder **ks** oder **cks** oder **x**.

der Kle___ der Fu___ der Ke___ mi___en bo___en

der O___e das Ta___i der Te___t lin___ das Gewä___

die Bü___e e___tra die He___e wa___en we___eln

Lernzielkontrolle 3

Name: ______________________________ **Klasse:** __________

Datum: ______________________________ **Punkte:** __________

1 Schreibe die Verben (Tunwörter) in der 1. Vergangenheit daneben.
Unterstreiche jeweils den Wortstamm.

glauben – er __________ jagen – er __________ rühren – er __________

wecken – er __________ setzen – er __________ hoffen – er __________

2 Ergänze jeweils drei Wörter aus derselben Wortfamilie.

ärgern – ______________________________

offen – ______________________________

blitzen – ______________________________

3 Schreibe die Wörter in Silben getrennt darunter.

ändern nützen riesig Mode wenig

____

4 Schreibe die Wörter in Silben getrennt darunter.

Ärztin empfinden Sammlung zukünftig

____

schmecken Tasche machen dreckig

____

machten fischten schmeckten blickten

____

5 Zeichne unter die Wörter Silbenbögen.

b r e n n e n m e s s e n s c h w i m m e n t r e f f e n f e t t e n

6 Schreibe die Adjektive (Wiewörter) in der Höherstufe getrennt auf. Notiere sie dann in der Grundstufe.

Grundstufe		Höherstufe			Grundstufe
du m / mm ?	→	______	–	______	→ ______
dü n / nn ?	→	______	–	______	→ ______
fe t / tt ?	→	______	–	______	→ ______
gla t / tt ?	→	______	–	______	→ ______
na s / ss ?	→	______	–	______	→ ______
vo l / ll ?	→	______	–	______	→ ______

7 Zeichne Silbenbögen unter die Wörter.

F e h l e r   b l ü h e n   d r e h e n   b o h r e n   n e h m e n   H ö h l e

M ü h e   R a h m e n   R e h e   o h n e   S c h u h e   k ü h l e n

8 Ergänze das verwandte Wort. Markiere die Wörter mit silbentrennendem **h** farbig.

die Drohung – d______   fehlen – der F______   die Naht – n______

wählen – die W______   ruhen – die R______   der Lehrer – L______

9 Ergänze die getrennten Grundformen. Setze nun die Personalformen ein.

dre –___en: Hans ______ den Wasserhahn zu.

krä –___en: Jeden Morgen ______ der Hahn.

ste –___en: Die Verkäuferin ______ lange im Laden.

flie –___en: Das Reh ______ vor dem Jäger.

se –___en: Der alte Mann ______ nicht mehr gut.

nä –___en: Mutter ______ den Knopf wieder an.

lei –___en: Meine Freundin ______ mir ein Buch.

Lernzielkontrolle 4

Name: ______________________ **Klasse:** ____________

Datum: ______________________ **Punkte:** ____________

1 Schreibe die folgenden Wörter in Silben getrennt darunter.

P a p i e r   N e u g i e r d e   s c h w i e r i g   k r i e c h e n   l i e b e n

____

f l i e g e n   n i e m a l s   K i e f e r   T i e f e   z i e l e n

____

2 Schreibe die Nomen (Namenwörter) in der Mehrzahl mit Artikel (Begleiter) auf.

der Krieg – die ____________   das Ziel – die ____________

der Brief – die ____________   der Stiel – die ____________

die Miete – die ____________   die Wiese – die ____________

das Lied – die ____________   das Papier – die ____________

3 Schreibe die verwandten Nomen (Namenwörter) mit Begleiter (Artikel) auf.

zielen – ____________   mieten – ____________

spiegeln – ____________   wiegen – ____________

dienen – ____________   spielen – ____________

4 Unterstreiche alle Verben (Tunwörter). Schreibe sie in der Gegenwartsform dahinter.

Das Flugzeug flog nach Afrika. ____________

Der Hund roch an seinem Futter. ____________

Franz wog das Mehl. ____________

5 Schreibe die Verben (Tunwörter) in der Gegenwart und in der 1. Vergangenheit auf.

Grundform	Gegenwart	1. Vergangenheit
gießen	er______________	er______________
schlafen	er______________	er______________
liegen	er______________	er______________
schreiben	er______________	er______________

6 Schreibe verwandte Verben (Tunwörter) mit **-ieren** auf.

Information – ______________ Skizze – ______________

Fotograf – ______________ Telefon – ______________

Spaziergang – ______________ Nummer – ______________

7 Ergänze **i** oder **ie**.

z___len Fr___den T___ger Masch___ne fl___gen Br___f

schw___rig Law___ne Apfels___ne sch___f K___fer Sp___l

Vitam___ne sp___geln Pral___ne B___bel Krokod___l F___bel

8 Ergänze die verwandten Adjektive (Wiewörter).

der Freund – ______________ der Wind – ______________

die Ehre – ______________ der Sand – ______________

der Fleiß – ______________ die Angst – ______________

das Glück – ______________ der Frieden – ______________

Lernzielkontrolle 5

Name: ______________________________ **Klasse:** ____________

Datum: ______________________________ **Punkte:** ____________

1 Schreibe das Wort in der Mehrzahl daneben.

der Hang – die ____________________ der Gang – die ____________________

der Klang – die ____________________ der Raum – die ____________________

der Traum – die ____________________ die Laus – die ____________________

2 **ä** oder **e**?
Bilde die Grundform des Verbs (Tunworts) und ergänze dann die Personalform.

______________: Der Bäcker b___ckt Faruk einen Geburtstagskuchen.

______________: Onkel Johannes err___t das Geheimnis.

______________: Mein Bruder f___hrt mit dem Rad zum Sport.

______________: Opas Pflanze w___chst nicht gerade.

3 **eu** oder **äu**? Schreibe ein verwandtes Wort daneben, das dir hilft, richtig zu schreiben.

die H____ser – das ____________________ der K____fer – ____________________

die Kr____ter – das ____________________ die R____ber – ____________________

die F____ste – die ____________________ tr____men – der ____________________

4 **eu** oder **äu**? Ergänze die folgenden Wörter.

 das F____________________

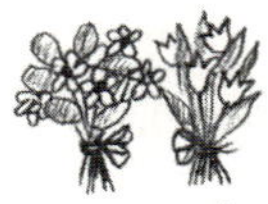 die S____________________

 das K____________________

 das F____________________

 das Z____________________

 das G____________________

 der T____________________

 die L____________________

5 **ä** oder **e**? Ergänze die Merkwörter richtig.

ungef___hr L___rm w___hrend W___cker ___rgern K___fig Tr___ne

6 Kennzeichne in den Wörtern die Fehlerstelle. Benutze im Zweifel dein Wörterbuch. Ordne jedes Wort dann richtig zu.

das Lant die Gebut die Treume erwaten Klawier rechs

komen die Zukunf das Rat giesen der Lerer waxen

❶ Diese Wörter spreche ich ganz deutlich	❷ Bei diesen Wörtern merke ich mir eine Besonderheit	❸ Bei diesen Wörtern denke ich an eine gelernte Hilfe
__________	__________	__________
__________	__________	__________
__________	__________	__________
__________	__________	__________

7 Schlage zu den folgenden Personalformen die Grundform im Wörterbuch nach. Schreibe dann eine weitere Form des gleichen Verbs (Tunworts) auf.

	Grundform	Dort steht auch
sie sah	__________ S. ____	__________
er floss	__________ S. ____	__________
ich rannte	__________ S. ____	__________
du sangst	__________ S. ____	__________
wir liefen	__________ S. ____	__________

Lernzielkontrolle 6

Name: ______________________ **Klasse:** ____________

Datum: ______________________ **Punkte:** ____________

1 Unterstreiche in den folgenden Verben (Tunwörtern) die Vorsilbe. Bilde dann mit einer der angegebenen Vorsilben ein Verb (Tunwort), das das Gegenteil bedeutet, zum Beispiel so:

aufdrehen	be um zu	– *zudrehen*
abschließen	ver ent auf	– ____________
auspacken	ab ein auf	– ____________
zunehmen	ver ent ab	– ____________
einziehen	aus ver auf	– ____________

2 Bilde Verben (Tunwörter) mit der Vorsilbe **ent-**.
Bilde aus diesen dann Nomen (Namenwörter) mit der Endung **-ung**.

	Verben (Tunwörter)			Nomen (Namenwörter)
ent-/ Ent-	täuschen	____________	-ung	____________
	scheiden	____________		____________
	decken	____________		____________
	laden	____________		____________

3 Bilde mit den folgenden Nachsilben Nomen (Namenwörter) oder Adjektive (Wiewörter).

-heit, -keit, -ig, -lich, -isch

Gefahr, Beruf, frech, Mut, schwierig, wirklich, Mode, gesund, Geiz, Spieler

____

____

____

4 Ordne die Wörter richtig zu.

WORTLOS	FLÜSSIG	DUMMHEIT	SCHRECKLICH	TECHNISCH
VERPACKUNG	KLUGHEIT	ENTWICKLUNG	EHRLICHKEIT	EMPFINDLICH

Nomen (Namenwörter): ______________________________

____

Adjektive (Wiewörter): ______________________________

____

5 Bilde zusammengesetzte Nomen (Namenwörter).

das Glück + das Kind: das ______________________________

der Beruf + die Wahl: die ______________________________

die Geburt + der Tag: der ______________________________

die Aussicht + der Turm: der ______________________________

die Rettung + der Ring: der ______________________________

der Fluss + der Sand: der ______________________________

das Schiff + die Fahrt: die ______________________________

das Bett + das Tuch: das ______________________________

der Stoff + die Farbe: der ______________________________

6 Bilde zusammengesetzte Nomen (Namenwörter).

glühen + die Lampe: ______________________________

raten + das Spiel: ______________________________

singen + der Vogel: ______________________________

grün + das Futter: ______________________________

wild + die Ente: ______________________________

bunt + der Specht: ______________________________

Lernzielkontrolle 7

Name: ______________________________ **Klasse:** ____________

Datum: ______________________________ **Punkte:** ____________

1 Ergänze die fehlenden Selbstlaute **a**, **e** oder **o** einfach oder doppelt.

die H______re   die Id______   der H______se   das B______t   br______v

das M______s   der S______   der S______l   das B______tt   der T______

2 Schreibe zu den folgenden Bildern das passende Namenwort auf

 das ____________________

 die ____________________

3 Ergänze richtig: **Paar** oder **paar**.

Tom wünscht sich ein ____________________ Turnschuhe.

Isa hat ein ____________________ Euros in der Tasche.

Ben und Nina sind ein unzertrennliches ____________________.

Frau Schwab bekommt zu ihrem Geburtstag ein ____________________ Blumen.

Uli bekam ein ____________________ neue Handschuhe.

Mutter besorgte sich ein ____________________ Eier.

4 Bilde zusammengesetzte Nomen (Namenwörter) mit Fremdwörtern.

Quiz   Pizza   Recycling   +   Bäcker   Firma   Show

____

5 Schreibe zu folgenden Bildern das passende Fremdwort auf.

t____________   S____________   J____________   S____________

6 Schreibe die folgenden Fremdwörter in Silben getrennt auf.

Maschine Internet Klavier Mathematik

organisieren Restaurant Pizza Operation

7 Trage die Bezeichnungen **wörtliche Rede** und **Redebegleitsatz** jeweils richtig ein.
Unterstreiche das erste Wort im Redebegleitsatz.

Tom jubelt: „In der Arbeit habe ich null Fehler!"

„In der Arbeit habe ich null Fehler!", jubelt Tom.

8 Unterstreiche die Redebegleitsätze.
Beginne die wörtliche Rede mit den richtigen Wörtern. Setze alle Satzzeichen ein.

Maria fragt lachend	______	machst du denn da	ich
Paul antwortet verärgert	______	siehst du doch	was
Maria sagt schmunzelnd	______	sehe einen riesigen Haufen Schrott	das

9 Stelle in den Sätzen aus Aufgabe 8 den Redebegleitsatz und die wörtliche Rede um.
Schreibe die Sätze mit dem Redebegleitsatz hinter der wörtlichen Rede auf.

Seite 2 — Sicher zum Grundwortschatz 4

Verträumter Schulanfang

Übungswörter

bauen	bereits
frei	Durst
schimpfen	erlauben
schweigend	Erlebnis
Unterricht	Pause
Urlaub	zeichnen
Strand	

Seit dem Ende der Ferien sind bereits drei Wochen vergangen. Die freien Tage liegen für Leon weit zurück. Während des Unterrichts träumt er immer noch vom Urlaub. Still zeichnet er Fischerboote und den Strand, an dem er große Sandburgen gebaut hat. Seine Eltern hatten ihm erlaubt, mit den Fischern mitzufahren. Das war ein besonders schönes Erlebnis. Plötzlich hört Leon seinen Namen. Schweigend steht er auf. Ob die Lehrerin mit ihm schimpft? Doch diese lacht nur und sagt: „Hast du keinen Durst? Es ist Pause!"

1. Lies die Geschichte.
   Besprich mit deinem Partner, warum die Lehrerin lacht.

2. Sprich die Übungswörter deinem Partner so deutlich vor, dass er jeden Laut hört.

3. Schreibe die zwei Wörter auf, bei denen die Zahl der Buchstaben und die Zahl der Laute übereinstimmen.

   Erlebnis, Durst

4. Schreibe die elf Übungswörter auf, die mehr Buchstaben als Laute haben.

   bauen, frei, schimpfen, schweigend, Unterricht, Urlaub,
   Strand, bereits, erlauben, Pause, zeichnen

5. Unterstreiche die Übungswörter im Text.

6. Schreibe die sechs Übungswörter auf, die im Text verändert sind.

   freien, Unterrichts, zeichnet, gebaut, erlaubt, schimpft

7. Welche Übungswörter passen? Trage sie in Druckschrift ein.

b e r e i t s   s c h w e i g e n d   S t r a n d

8. Schreibe die fünf Übungswörter auf, die drei Mitlaute hintereinander enthalten.

schimpfen, Unterricht, Durst, zeichnen, Strand

9. Sechs Übungswörter sind Nomen (Namenwörter).
Schreibe sie mit Artikel (Begleiter) auf.

der Unterricht, der Urlaub, der Strand,

der Durst, das Erlebnis, die Pause

10. Schreibe die Übungswörter **bauen**, **schimpfen**, **zeichnen** in den Personalformen der Gegenwart auf.

ich	du	er/sie/es	wir

11. Schreibe zu jeder Personalform von Aufgabe 10 einen Satz auf.

12. Setze die folgenden Übungswörter so ein, wie sie in der Geschichte stehen.

Unterricht   zeichnen   bauen   schimpfen   frei   erlauben

Leon träumt während des *Unterrichts* von den *freien* Tagen.

Er *zeichnet* bunte Fischerboote und

die Sandburg, die er *gebaut* hat.

Die Lehrerin *schimpft* nicht mit Leon.

Sie *erlaubt* ihm, in die Pause zu gehen.

Nr. 10

ich	*du*	*er/sie/es*	*wir*
baue	*baust*	*baut*	*bauen*
schimpfe	*schimpfst*	*schimpft*	*schimpfen*
zeichne	*zeichnest*	*zeichnet*	*zeichnen*

Nr. 11

zu bauen:
z. B. Ich baue eine Sandburg.
Du baust einen Turm.
Er/Sie/Es baut ein neues Hotel.
Wir bauen einen Spielplatz.

zu schimpfen:
z. B. Ich schimpfe mit meiner Katze, wenn sie auf den Tisch springt.
Du schimpfst mit mir, wenn ich dir etwas wegnehme.
Er/Sie/Es schimpft mit den Kindern.
Wir schimpfen nicht gern miteinander.

zu zeichnen:
z. B. Ich zeichne gern Tiere.
Du zeichnest am liebsten Häuser.
Er/Sie/Es zeichnet nicht gern.
Wir zeichnen viele verschiedene Dinge im Kunstunterricht.

Wörter ordnen und nachschlagen

1. Schreibe die Buchstaben in der Reihenfolge des Abc auf.

b	c	d	e	f	f	g	h	i	j	r	s	t	u	v	n	o	p	qu	r

2. Trage die zu den Bildern passenden Wörter nach dem Abc geordnet ein.
Das Lösungswort nennt eine beliebte Zeit in der Schule.

	A	P	F	E	L
	G	A	B	E	L
M	A	U	E	R	
T	A	S	C	H	E
	Z	E	L	T	

3. Unterstreiche in den folgenden Wörtern den ersten Buchstaben.
Schreibe sie dann in der Reihenfolge des Abc ab.

Geld Pinsel Hans Tochter Note Schale Flasche Ostern Christ

Nr. 3

Christ, Flasche, Geld, Hans, Note, Ostern, Pinsel, Schale, Tochter

4. Bei den folgenden Wörtern bestimmt der zweite Buchstabe die Reihenfolge.
Trage sie nach dem Abc geordnet ein. Überprüfe mit dem Wörterbuch.

Bahn, Beruf, Birne, Brot

Flasche, Foto, Frau, Fuchs

Geld, Gold, Gras, gut

kaufen, Kleid, kochen, Kunst

Magnet, meinen, Minute, Monat

5. Bei diesen Wörtern musst du auf den dritten Buchstaben achten.
Unterstreiche ihn. Trage die Wörter nach dem Abc geordnet ein.

Nadel	Braten
Kirche	Motor
Bruder	Nase
Mode	Kind
Kiste	Brot
Natur	Mond

B	K
Braten	Kind
Brot	Kirche
Bruder	Kiste

M	N
Mode	Nadel
Mond	Nase
Motor	Natur

6. Unterstreiche den Buchstaben, der die Ordnung nach dem Abc bestimmt.
Gib dann durch Ziffern an, wie die Wörter nach dem Abc zu ordnen sind.

(4) pflücken	(2) Pflege	(1) Pflanze	(3) Pflicht
(2) Streit	(1) Strafe	(4) Strom	(3) Strick
(3) Schnabel	(4) Schrift	(1) Schale	(2) Schlange

7. Schreibe die Wörter in jeder Zeile nach dem Abc geordnet auf.
Unterstreiche immer den Buchstaben, der die Reihenfolge bestimmt.

Gras	Beruf	Natur	Beruf, Gras, Natur
Kirche	Kasten	Kerze	Kasten, Kerze, Kirche
Schule	schmal	schlecht	schlecht, schmal, Schule
Mauer	Marke	Mantel	Mantel, Marke, Mauer

8. Überprüfe deine Lösungen in den Aufgaben 5, 6 und 7 mit dem Wörterbuch.

Kurze und lange Selbstlaute/Umlaute

1. Male unter kurz gesprochene Selbstlaute einen Punkt.
Zeichne unter lang gesprochene Selbstlaute einen Strich.

Christ Vase Pilz Brot zwölf Schwan Saft Topf

Bär Tafel Glas Wort Holz Luft Schnur Käfig

2. Zähle bei den Wörtern in Aufgabe 1 die Mitlaute,
die nach den kurz gesprochenen Selbstlauten kommen.
Zähle die Mitlaute, die nach den lang gesprochenen Selbstlauten kommen.

3. Ergänze den Satz:

Nach einem betonten kurz gesprochenen Selbstlaut oder Umlaut folgen meist *zwei* *Mitlaute*.

4. Male unter kurz gesprochene Selbstlaute oder Umlaute einen Punkt.
Markiere die darauffolgenden Mitlaute.

Apfel Punkt Nagel töpfern Hafen Hände Böschung Schale

Bürste alt Dose schätzen Flug Nadel Lob klug rufen

Wagen tröpfeln Nudel Bluse Ufer Stift sagen Ampel

5. Suche im Wörterverzeichnis zehn Wörter mit kurz gesprochenem Selbstlaut oder Umlaut, auf den zwei verschiedene Mitlaute folgen.

z. B. ärgern, letzte, Pilz, Wald ...

6. Schreibe drei Sätze auf, in denen möglichst viele Wörter von Aufgabe 5 vorkommen.

Nr. 6

z. B.
Letzte Woche ärgerte ich mich über den kleinen Pilz.

Wörter mit doppeltem Mitlaut

1. Male unter kurz gesprochene Selbstlaute einen Punkt.
Zeichne unter lang gesprochene Selbstlaute einen Strich.

Abend Christ Weg Müll hart schaffen Tanne üben

Text Natur Sturm klettern fertig Stoff schön

2. Ordne die Wörter aus Aufgabe 1 zu.

Lang gesprochener Selbstlaut oder Umlaut mit einem folgenden Mitlaut	Kurz gesprochener Selbstlaut oder Umlaut mit zwei verschiedenen Mitlauten	Kurz gesprochener Selbstlaut oder Umlaut mit zwei gleichen Mitlauten

3. Ergänze den Satz:

Folgt auf einen betonten kurz gesprochenen Selbstlaut oder Umlaut nur ein Mitlaut, so wird dieser meist ver*doppelt*.

Der Mitlaut wird nicht verdoppelt, wenn auf einen betonten kurz gesprochenen Selbstlaut *zwei verschiedene* Mitlaute folgen.

4. Hier entstehen Wörter mit doppeltem Mitlaut.
Ersetze den zweiten Mitlaut durch Verdoppelung des ersten.

das Feld – das Fe*ll*	der Wald – der Wa*ll*	stark – sta*rr*
falten – fa*ll*en	die Taste – die Tu*ss*e	die Pilze – die Pi*ll*e
das Herz – der He*rr*	tanzen – die Ta*nn*en	die Wolke – die Wo*ll*e
die Wanze – die Wa*nn*e	der Schutz – der Schu*tt*	das Rind – die Ri*nn*e

Nr. 2

Lang gesprochener Selbstlaut oder Umlaut mit einem folgenden Mitlaut	Kurz gesprochener Selbstlaut oder Umlaut mit zwei verschiedenen Mitlauten	Kurz gesprochener Selbstlaut oder Umlaut mit zwei gleichen Mitlauten
Abend	Christ	Müll
Weg	hart	schaffen
üben	Text	Tanne
Natur	Sturm	klettern
schön	fertig	Stoff

Wörter mit doppeltem Mitlaut

1. Erkläre deinem Partner die unterschiedliche Schreibweise.

Hütte – Hüte   Ratte – raten   offen – Ofen   schallen – Schalen

2. Schreibe die Wörter mit doppeltem Mitlaut geordnet auf.
Unterstreiche **ff**, **ll**, **mm**, **nn** und **tt**.

Tanne hoffen rennen fett kämmen donnern Schall
schütteln Gewitter Stamm Löffel dumm klettern beginnen
Brille Gott offen Quelle bestimmt Nummer brennen schaffen
Müll dünn Stoff glatt treffen Teller voll schwimmen

-ff-	-ll-	-mm-	-nn-	-tt-

3. Schreibe die Reimwörter auf. Unterstreiche die doppelten Mitlaute.

rennen	nennen	gewinnen	Kanne	Bett
brennen	kämmen	beginnen	Tanne	Fett
rütteln	platt	Schwamm	schwimmen	nett
schütteln	glatt	Kamm	stimmen	fett
Klasse	krumm	Grille	Kummer	Ball
Tasse	dumm	Brille	Nummer	Schall

4. Schreibe die Nomen (Namenwörter) in der Mehrzahl auf.
Unterstreiche die doppelten Mitlaute.

der Stamm – die Stämme   der Kamm – die Kämme
die Brille – die Brillen   die Quelle – die Quellen

Nr. 1

mündlich:
Folgt auf einen betonten kurz gesprochenen Vokal oder Umlaut nur ein Mitlaut, so wird dieser meist verdoppelt. Deshalb werden die Wörter Hütte, Ratte, offen und schallen mit doppeltem Mitlaut geschrieben.

Nr. 2

-ff-	-ll-	-mm-	-nn-	-tt-
hoffen	Schall	kämmen	Tanne	fett
Löffel	Brille	Stamm	rennen	schütteln
offen	Quelle	dumm	donnern	Gewitter
schaffen	Müll	bestimmt	beginnen	klettern
Stoff	Teller	Nummer	brennen	Gott
treffen	voll	schwimmen	dünn	glatt

5. Bilde von diesen Adjektiven (Wiewörtern) die Höherstufe.
Unterstreiche die doppelten Mitlaute.

fett – *fetter*	hell – *heller*	dünn – *dünner*
schnell – *schneller*	dumm – *dümmer*	glatt – *glatter*

6. Ergänze die Verben (Tunwörter) in der Gegenwartsform.

Das Haus *brennt* lichterloh.
Julia *kämmt* gerne ihren Hund.
Der Ball *rollt* den Hang hinunter.
Die Polizei *stoppt* den Autofahrer.
Ben *hofft* auf gute Zeugnisnoten.
Cem *kann* das Rätsel lösen.

rollen | können | brennen | hoffen | stoppen | kämmen

7. Schreibe Sätze mit diesen Verben (Tunwörtern) in der Gegenwartsform.

trennen | treffen | kennen | brennen | rollen | klettern

8. Bilde von den Verben (Tunwörtern) die 1. Vergangenheit.
Überprüfe mit dem Wörterverzeichnis.

beginnen – Er *begann*.
brennen – Es *brannte*.
gewinnen – Wir *gewannen*.
schwimmen – Ich *schwamm*.
kennen – Er *kannte* ihn.
rennen – Sie *rannte*.

9. Unterstreiche bei den Wörtern der Aufgaben 7 und 8 den doppelten Mitlaut.

Seite 9

Nr. 7

z. B.
Eine Grenze trennt zwei Länder voneinander.
Sie trifft sich heute mit ihren Freundinnen zum Spielen.
Er kennt seinen Hund sehr gut.
Wenn es brennt, muss schnell die Feuerwehr gerufen werden.
Zum Glück rollt der Ball nicht auf die Straße.
Wir klettern gern auf unserem Spielplatz.

Wörter mit tz

1. Male unter den kurz gesprochenen ersten Selbstlaut oder Umlaut einen Punkt. Unterstreiche **tz**.

Katze sitzen Platz Satz Mütze hetzen Netz Pfütze putzen Witz

2. Verteile die Wörter richtig.

Blitz spitz Pilz kurz Gesetz Ranzen Hitze tanzen

Wörter mit **tz**:

Blitz, spitz, Gesetz, Hitze

Wörter mit **z**:

Pilz, kurz, Ranzen, tanzen

3. Unterstreiche in Aufgabe 2 bei den Wörtern mit **z** den Buchstaben vor dem **z**.

4. Ergänze:

Nach einem kurz gesprochenen Selbstlaut oder Umlaut schreibe ich statt Doppel-**z** meist tz. Nach l, n, r steht kein **tz**.

5. Schreibe das passende Nomen (Namenwort) dazu.
Markiere den kurz gesprochenen Selbstlaut oder Umlaut und das **tz**.

blitzen – der Blitz spitz – die Spitze kratzen – der Kratzer

schützen – der Schutz hitzig – die Hitze witzig – der Witz

schmutzig – der Schmutz nützen – der Nutzen

Wörter mit ck

1. Male unter den kurz gesprochenen Selbstlaut oder Umlaut einen Punkt.
Unterstreiche **ck**.

Wecker Glocke Schnecke Jacke bücken Dackel Sack Mücke Rücken

2. Verteile die Wörter richtig.

Decke Ecke merken Wolke Onkel trocken Blick zurück

Wörter mit **ck**:

Decke, Ecke, trocken, Blick, zurück

Wörter mit **k**:

merken, Wolke, Onkel

3. Unterstreiche bei den Wörtern mit **k** den Buchstaben vor dem **k**.

4. Ergänze:

Nach einem kurz gesprochenen Selbstlaut oder Umlaut schreibe ich statt Doppel-**k** meist ck. Nach l, n, r steht kein **ck**.

5. Schreibe das passende Nomen (Namenwort) dazu.
Markiere den kurz gesprochenen Selbstlaut oder Umlaut und das **ck**.

wecken – der Wecker | backen – der Bäcker | blicken – der Blick
packen – das Päckchen | dreckig – der Dreck | glücklich – das Glück
drücken – der Drücker | schmecken – der Geschmack | eckig – die Ecke

Wörter mit ss und ß

1. Male unter kurz gesprochene Selbstlaute oder Umlaute einen Punkt.
Zeichne unter lang gesprochene Selbstlaute oder Umlaute einen Strich.

Fluss Bluse essen Klasse lassen lesen Gräser flüssig

Messer Kuss müssen böse Wasser Hose besser Nässe

2. Ordne die Wörter von Aufgabe 1 richtig zu.

Lang gesprochener Selbstlaut oder Umlaut	Kurz gesprochener Selbstlaut oder Umlaut

3. Achte beim Sprechen auf die Länge der Selbstlaute oder Umlaute.
Ordne die Wörter ein.

Maß Füße Fleiß Spaß bloß reißen

süß draußen beißen Größe Straße grüßen

Selbstlaut vor **ß**: *Maß, Spaß, bloß, Straße*

Umlaut vor **ß**: *Füße, süß, Größe, grüßen*

Doppellaut (Zwielaut) vor **ß**: *Fleiß, reißen, draußen, beißen*

4. Unterstreiche bei den Wörtern in Aufgabe 3 Selbstlaute, Umlaute und Doppellaute (Zwielaute) vor dem **ß**.

5. Ergänze den Satz:

Der s-Laut wird nach einem *lang* gesprochenen *Selbstlaut* oder *Umlaut* oder nach einem *Doppellaut* als **ß** geschrieben.

Nr. 2

Lang gesprochener Selbstlaut oder Umlaut	*Kurz gesprochener Selbstlaut oder Umlaut*
Bluse	*Fluss*
lesen	*essen*
Gräser	*Klasse*
böse	*lassen*
Hose	*flüssig*
	Messer
	Kuss
	müssen
	Wasser
	besser
	Nässe

Seite 13

Sicher zum Grundwortschatz 4

6. Bilde die Höherstufe und die Höchststufe der Adjektive (Wiewörter).

süß – süßer – am süßesten   groß – größer – am größten

7. Wird der Selbstlaut, Umlaut oder Doppellaut (Zwielaut) lang oder kurz gesprochen? Ergänze entsprechend **ß** oder **ss**.

der Fuß – die Füße   der Strauß – die Sträuße

der Gruß – die Grüße   der Spaß – die Späße

der Fluss – die Flüsse   der Riss – die Risse

8. Wird der Selbstlaut, Umlaut oder Doppellaut (Zwielaut) lang oder kurz gesprochen? Ergänze entsprechend **ß** oder **ss**.
Überprüfe mit dem Wörterbuch.

	Gegenwart	1. Vergangenheit	Nomen (Namenwort)
messen	er misst	er maß	das Maß
wissen	er weiß	er wusste	das Wissen
beißen	er beißt	er biss	der Biss
reißen	er reißt	er riss	der Riss

9. **s** oder **ss** oder **ß**? Ergänze richtig. Überprüfe mit dem Wörterbuch.

flüssig   lesen   fleißig   außen   küssen   rasen

Kompass   Maß   Besen   Käse   Tasse   Strauß

10. **k** oder **ck**? Ergänze richtig. Überprüfe mit dem Wörterbuch.

wecken   quaken   trinken   denken   packen

schmecken   dunkel   Paket   Glück   Brücke

Wörter mit v/V

1. Ergänze **v** oder **V**. Unterstreiche dann die Merkstelle.

_V_ase _V_olk _V_ideo _V_eilchen bra_v_ Kur_v_e

No_v_ember _v_oll Ad_v_ent be_v_or Kla_v_ier _v_iel

2. Bilde Sätze mit den Nomen (Namenwörtern) aus Aufgabe 1.

3. Schreibe Verben (Tunwörter) mit den Vorsilben **ver-** und **vor-** auf.

ver- | brennen | packen | brauchen | binden | petzen | sprechen

vor- | lesen | schreiben | machen | kommen | schlagen | stellen

4. Erkläre deinem Partner, wie sich die Bedeutung der Wörter von Aufgabe 3 durch die Vorsilben verändert.

5. Ergänze den Satz:

Mit den Wortbausteinen **Ver-/ver-** und **Vor-/vor-** kann man neue Wörter bilden. Sie werden immer mit _V / v_ geschrieben.

6. Ergänze. Markiere die Merkstelle.

	Gegenwart	1. Vergangenheit
vergessen	Er _vergisst_ es.	Er _vergaß_ es.
verlieren	Du _verlierst_ es.	Wir _verloren_ es.
verletzen	Er _verletzt_ sich.	Ich _verletzte_ mich.

7. Schreibe Sätze mit den Wörtern **verschmutzen, verspäten, vorsichtig**.

Nr. 2

z. B.
Die Mutter stellt ihre Blumen in die Vase.
(Es müssen Sätze mit Vase, Volk, Video, Veilchen, Kurve, November, Advent und Klavier gebildet werden.)

Nr. 3

ver-:
verbrennen, verpacken, verbrauchen, verbinden, verpetzen, versprechen, verlesen, verschreiben, verstellen

vor-:
vorlesen, vorschreiben, vormachen, vorkommen, vorschlagen, vorstellen, vorsprechen

Nr. 7

zu verschmutzen:
z. B. Er verschmutzte beim Spielen auf dem Spielplatz seine Kleidung.

zu verspäten:
z. B. Sie verspäten sich, weil sie im Stau stehen.

zu vorsichtig:
z. B. Sie ist immer vorsichtig, wenn sie mit ihrem kleinen Bruder spielt.

Wörter mit dem ks-Laut

1. Ordne die Wörter. Unterstreiche die Merkstellen **chs**, **cks**, **x**.

Klecks	wechseln	Fuchs	Knacks	Text
Gewächs	mixen	boxen	links	extra
Ochse	Keks	Hexe	Knicks	wachsen

-ks-: links, Keks -cks-: Klecks, Knacks, Knicks

-x-: Text, mixen, boxen, extra, Hexe

-chs- : wechseln, Fuchs, Gewächs, Ochse, wachsen

2. Bilde Reimwörter. Unterstreiche die Merkstellen **chs** und **x**.

Wachs	Luchs	Büchse	Maxi
Dachs	Fuchs	Füchse	Taxi

3. Ergänze jeweils die du-Form. Unterstreiche die Merkstellen.

blicken – du blickst schmecken – du schmeckst

locken – du lockst schlucken – du schluckst

necken – du neckst schicken – du schickst

4. Welcher ks-Laut fehlt? Ergänze. Überprüfe mit dem Wörterbuch.

Emma we chs elte ihre Schuhe. Ingo hatte leider eine verkle cks te Heftseite.

Paul bo x te im Sportverein. Letztes Jahr wu chs der Baum fast gar nicht.

5. Lass dir die Wörter der Aufgaben 1 und 3 von deinem Partner diktieren. Vergleiche dann.

Sicher werden beim Aufschreiben

Bei einigen Wörtern hilft dir deutliches Sprechen, sie richtig aufzuschreiben.
Bei anderen musst du dir eine Besonderheit einprägen.

1

So schreibst du Wörter zum Mitsprechen auf:
1. Sprich das Wort deutlich Laut für Laut.
2. Schreibe das Wort und sprich dabei deutlich mit.
3. Lies das geschriebene Wort nun Laut für Laut.
4. Prüfe, ob du keinen Laut vergessen hast.
   Berichtige Fehler.

2

So schreibst du Wörter mit Besonderheiten auf:
1. Lies das Wort. Schaue es Buchstabe für Buchstabe an.
2. Unterstreiche Besonderheiten im Wort.
3. Merke dir das Wort. Decke es ab.
4. Sprich dir das Wort vor. Schreibe es auswendig auf.
5. Vergleiche mit der Vorlage. Berichtige Fehler.

1. Lies diese Wörter. Prüfe an jedem Wort, welcher der Übungshinweise dir hilft, richtig aufzuschreiben. Unterstreiche mit zweierlei Farben.

Rechenbuch	Großstadt	Schalter	Geschichte
Druckerei	Fleiß	Kalender	mixen

2. Schreibe die Wörter aus Aufgabe 1 nach diesen Hinweisen auf.

3. Auch Reimwörter helfen dir beim richtigen Schreiben.
Ergänze und unterstreiche, was gleich bleibt.

hell	Lücke	spitz	essen
Fell	*Brücke*	*Witz*	*messen*
schnell	*Mücke*	*Blitz*	*fressen*

Nr. 2

Wörter zum Mitsprechen:
Rechenbuch, Schalter, Geschichte, Kalender

Wörter mit Besonderheiten:
Großstadt, Druckerei, Fleiß, mixen

So schreibst du Sätze auf:
1. Lies zuerst den ganzen Satz.
2. Teile den Satz in kurze Abschnitte ein.
3. Merke dir einen Abschnitt. Sprich ihn dir vor.
4. Decke diesen Abschnitt ab. Schreibe ihn auswendig auf.
5. Vergleiche mit der Vorlage und überprüfe Wort für Wort. Berichtige Fehler.

4. Lies die Geschichte. Schreibe die Sätze dann Abschnitt für Abschnitt auf. Achte auf die unterstrichenen Wörter. Sie enthalten eine Besonderheit.

Gestern war Nina | bei ihrer Freundin Hilde.

Gestern war Nina bei ihrer Freundin Hilde.

Sie hat | eine kleine Katze bekommen.

Sie hat eine kleine Katze bekommen.

Die lag ausgestreckt | auf der Sonnenbank.

Die lag ausgestreckt auf der Sonnenbank.

Die beiden Mädchen | streichelten ihr weiches Fell.

Die beiden Mädchen streichelten ihr weiches Fell.

Da fing sie an, | laut zu schnurren.

Da fing sie an, laut zu schnurren.

5. Unterstreiche Wörter, bei denen du dir eine Besonderheit merken willst.

z. B. In Marias Klasse ist eine neue Mitschülerin. Nach kurzer Zeit nennen sie alle die schnelle Betti. Dabei macht sie alles langsam wie eine Schnecke. Für alle Schularbeiten braucht sie sehr lange. Nur in die Pause rennt sie ganz schnell hinaus. Alle mögen sie gern, weil sie immer fröhlich ist.

6. Schreibe die Geschichte ab.

Nr. 6

In Marias Klasse ist eine neue Mitschülerin. Nach kurzer Zeit nennen sie alle die schnelle Betti. Dabei macht sie alles langsam wie eine Schnecke. Für alle Schularbeiten braucht sie sehr lange. Nur in die Pause rennt sie ganz schnell hinaus. Alle mögen sie gern, weil sie immer fröhlich ist.

Umweltsünden

Bei ihrem Unterrichtsgang entdeckten die Kinder der Klasse 4 a immer wieder Müll. Sie waren entsetzt über diese Verschmutzung der Umwelt. An einem Umwelttag räumten sie den Unrat weg. Danach informierten sie sich im Rathaus der Gemeinde über die verschiedenen Gesetze zur Müllentsorgung und die Bestimmungen zum Schutz der Natur. Dort erfuhren sie auch, dass viele Flüsse verschmutzt werden, obwohl auch dies verboten ist. Zuletzt lernten sie, dass Umweltsündern, die gegen Verbote verstoßen, empfindliche Strafen drohen.

Übungswörter

Müll	Natur
Umwelt	zuletzt
Fluss	Schutz
Gesetz	Verbot
Gemeinde	
verschmutzt	
verboten	
empfindlich	
Verschmutzung	

1. Lies die Geschichte. Sprich mit deinem Partner über die Möglichkeiten der Abfallvermeidung in eurer Schule.

3 2

2. Schreibe die Übungswörter mit **tz** auf. Male bei jedem Wort unter den kurz gesprochenen Selbstlaut einen Punkt. Unterstreiche **tz**.

Gesetz, verschmutzt, Verschmutzung, zuletzt, Schutz

2

3. Schreibe die Übungswörter mit doppeltem Mitlaut auf: *Müll, Fluss*
Erkläre deinem Partner die Schreibung.

4. Schreibe die drei Übungswörter mit einem lang gesprochenen Selbstlaut auf. Unterstreiche diesen.

verboten, Natur, Verbot

6 2

5. Schreibe die Übungswörter auf, die mit **V/v** beginnen. Unterstreiche **V/v**.

verschmutzt, verboten, Verschmutzung, Verbot

6. Welche Übungswörter sind das? Ergänze.

zuletzt *Gesetz* *Natur* *Gemeinde* *Schutz*

18 Übungswörter aus dem Grundwortschatz

Nr. 3

mündlich:
Nach kurz gesprochenem Selbstlaut folgt oft ein doppelter Mitlaut.

7. Welche Übungswörter passen? Trage sie in Druckschrift ein.

e m p f i n d l i c h   S c h u t z

U m w e l t   z u l e t z t

8. Ordne die Übungswörter nach dem Abc. Vergleiche mit dem Wörterverzeichnis.

9. Schreibe die Übungswörter in der Mehrzahl mit Artikel (Begleiter) auf.

die Gemeinde – die Gemeinden   der Fluss – die Flüsse

das Gesetz – die Gesetze   das Verbot – die Verbote

10. Schreibe die verwandten Übungswörter auf.

flüssig – der Fluss   gesetzlich – das Gesetz

natürlich – die Natur   verbieten – das Verbot

11. Schreibe die Verben (Tunwörter) in der Personalform auf: *sitzen – er sitzt.*
Unterstreiche **-tzt**.

blitzen – es blitzt   kratzen – er kratzt

schützen – er schützt   schwitzen – er schwitzt

verschmutzen – er verschmutzt   besetzen – er besetzt

3

12. Schreibe die Sätze auf.

Am Umwelttag der Schule spricht die Klasse 4 a über die Verschmutzung der Umwelt. Die Kinder lesen Zeitungsmeldungen über verschmutzte Flüsse. Sie lernen, wie man Müll vermeidet und welche Gesetze zu beachten sind.

13. Schreibe einen Text zum Umweltschutz. Verwende viele Übungswörter.

Seite 19

Nr. 8

empfindlich, Fluss, Gemeinde, Gesetz, Müll, Natur, Schutz, Umwelt, Verbot, verboten, verschmutzt, Verschmutzung, zuletzt

Nr. 12

Am Umwelttag der Schule spricht die Klasse 4 a über die Verschmutzung der Umwelt. Die Kinder lesen Zeitungsmeldungen über verschmutzte Flüsse. Sie lernen, wie man Müll vermeidet und welche Gesetze zu beachten sind.

Wortfamilien am Wortstamm erkennen

1. Schreibe die Wörter mit dem gleichen Wortstamm untereinander auf.
Unterstreiche den Wortstamm.

wohnen schrecklich Fühler Wohnung erschrecken
fühlen wohnlich Schrecken Gefühl

-wohn-	-fühl-	-schreck-
wohnen	*fühlen*	*schrecklich*
Wohnung	*Fühler*	*erschrecken*
wohnlich	*Gefühl*	*Schrecken*

Wörter mit dem gleichen Wortstamm gehören zu einer Wortfamilie.
Sie sind miteinander verwandt. Der Wortstamm hilft dir,
alle Wörter einer Wortfamilie richtig zu schreiben.

2. Markiere in der Wörterschlange alle Wörter der Wortfamilie **rühren**.
Schreibe sie auf und unterstreiche den Wortstamm.

Rührung, gerührt, rühren, rührend, Berührung

3. Unterstreiche in diesen Wörtern den Wortstamm. Schreibe dann zu jedem Wort zwei weitere Wörter der gleichen Wortfamilie auf. Benutze dein Wörterbuch.

	Ruhe	öffnen	lehren	ärgern	fehlen
z. B.	*ruhig*	*Öffnung*	*Lehrer*	*Ärger*	*Fehltag*
z. B.	*beruhigend*	*geöffnet*	*gelehrt*	*verärgert*	*fehlend*

4. Bilde Wörter mit dem Wortstamm **-spazier-**.

Spazier- | -gang | -stock | -gänger

einen langen *Spaziergang* machen

einen schönen *Spazierstock* schnitzen

einen fröhlichen *Spaziergänger* treffen

5. Suche die Wörter mit dem gleichen Wortstamm.
Male Sie in der gleichen Farbe an.
Schreibe sie nach Wortfamilien geordnet auf.
Unterstreiche den Wortstamm.

offen	nützlich	bedrückt	hohl
drücken	Hohlraum	Öffnung	nützen
benutzen	öffentlich	aushöhlen	Druckerei
Höhle	Druck	Nutzen	offensichtlich

6. Schreibe zu diesen Wortstämmen Nomen (Namenwörter), Verben (Tunwörter) und Adjektive (Wiewörter) der Wortfamilie auf.
Benutze dazu dein Wörterbuch.

-hoff-	-deut-	-spitz-	-fahr-

7. Setze die Verben (Tunwörter) in der 1. Vergangenheit ein.
Unterstreiche den Wortstamm.

glauben packen jagen setzen

Mutter *glaubte*, was ihre Tochter sagte.

Gestern *packte* Vater die Koffer für die Reise.

Der Hund *jagte* den Hasen.

Faruk *setzte* sich an seinen Schreibtisch.

Nr. 5

offen	nützlich	bedrückt	hohl
Öffnung	nützen	drücken	Hohlraum
öffentlich	benutzen	Druckerei	aushöhlen
offensichtlich	Nutzen	Druck	Höhle

Nr. 6

z. B.

-hoff-	-deut-	-spitz-	-fahr-
hoffen	deuten	anspitzen	fahren
hoffentlich	deutlich	Anspitzer	gefahren
Hoffnung	Deutung	Spitze	Fahrschule

Wörter trennen

1. Male unter den ersten lang gesprochenen Selbstlaut oder Umlaut einen Strich.
Markiere den Mitlaut zwischen den beiden Selbstlauten oder zwischen dem Umlaut und dem Selbstlaut.

quälen raten Vase strömen Natur Träne Käfig

2. Zeichne bei Aufgabe 1 unter jede Silbe einen Silbenbogen: Blume

3. Male unter den ersten kurz gesprochenen Selbstlaut oder Umlaut einen Punkt.
Markiere die zwei Mitlaute zwischen den beiden Selbstlauten oder zwischen dem Umlaut und dem Selbstlaut.

anders hängen Spitze fertig Hunger kräftig nützen schwitzen

4. Zeichne bei Aufgabe 3 unter jede Silbe einen Silbenbogen.

8

Steht ein Mitlaut zwischen zwei Selbstlauten, kommt er beim Trennen zur zweiten Silbe: mi - xen.
Stehen zwei Mitlaute zwischen zwei Selbstlauten, wird der zweite Mitlaut abgetrennt: Schär - fe.
Dies gilt auch für Mitlaute nach Umlauten und Doppellauten (Zwielauten).

5. Unterstreiche die drei Mitlaute im Wortinneren. Zeichne die Silbenbögen.

Ärztin durstig empfinden impfen Sammlung schimpfen zukünftig

6. Ergänze **der erste** oder **der letzte**:

9

Stehen mehrere Mitlaute zwischen zwei Selbstlauten oder zwischen einem Umlaut und einem Selbstlaut wird der letzte abgetrennt: Karp - fen.

7. Sprich die Wörter in Silben und zeichne Silbenbögen darunter.

Brücke, drücken, Bäcker, wecken, packen, Bäuche, lachen, brechen

krachen, Bücher, Flasche, Tasche, Fische, Frische, Tische

8. Ergänze den Satz:

Die Laute **ck**, **ch** und **sch** werden *nicht* getrennt.

9. Schreibe die Wörter getrennt auf: *Zu - cker*. Unterstreiche **ck**, **ch** und **sch**.

schmecken, blicken, fischen, machen, waschen, dreckig, backen, Decke, Kuchen, Büsche, brauchen, Tücher

-ck- *schme - cken, bli - cken, dre - ckig, ba - cken, De - cke*

-ch- *ma - chen, Ku - chen, brau - chen, Tü - cher*

-sch- *fi - schen, wa - schen, Bü - sche*

10. Schreibe diese Wörter getrennt auf.

zeichnen, richtig, Technik, wachsen, wechseln, wichtig, rechnen, Fichte, Füchse

11. Setze die Wörter in der 1. Vergangenheit getrennt ein: *schmeck - te*.

Vater *weck* - *te* (wecken) Andy um 6.00 Uhr auf.

Luis *pack* - *te* (packen) seine Schulsachen ein.

Lena *blick* - *te* (blicken) aufmerksam zu ihrer Lehrerin.

Nina *drück* - *te* (drücken) ihre Freundin herzlich.

Nr. 10

zeich-nen, rich-tig, Tech-nik, wach-sen, wech-seln, wich-tig, rech-nen, Fich-te, Füch-se

Wörter mit doppeltem Mitlaut trennen

1. Zeichne unter die Wörter Silbenbögen.

Brille, besser, Löffel, brennen, Tanne, passen, Donner, Schlüssel

schütteln, lassen, Messer, klettern, offen, rennen, Schatten, Teller

2. Ergänze den Satz:

Wörter mit einem doppelten Mitlaut trenne ich zwischen den *zwei gleichen* Mitlauten. So höre ich beide Mitlaute.

11

3. Ordne die Wörter von Aufgabe 1 nach dem Abc. Schreibe sie getrennt auf.

4. Schreibe die Adjektive (Wiewörter) in der Höherstufe getrennt auf. Notiere sie dann in der Grundstufe. Umkreise die doppelten Mitlaute.

star oder starr?
→ star - rer → also starr!

Grundstufe		Höherstufe			Grundstufe
du m/mm ?	→	*düm*	-	*mer*	→ *dumm*
dü n/nn ?	→	*dün*	-	*ner*	→ *dünn*
fe t/tt ?	→	*fet*	-	*ter*	→ *fett*
gla t/tt ?	→	*glat*	-	*ter*	→ *glatt*
na s/ss ?	→	*nas*	-	*ser*	→ *nass*
vo l/ll ?	→	*vol*	-	*ler*	→ *voll*

5. Schreibe Sätze zu den Adjektiven (Wiewörtern) von Aufgabe 4 in der Höchststufe. Umkreise die doppelten Mitlaute.

Nr. 3

bes-ser, bren-nen, Bril-le, Don-ner, klet-tern, las-sen, Löf-fel, Mes-ser, of-fen, pas-sen, ren-nen, Schat-ten, Schlüs-sel, schüt-teln, Tan-ne, Tel-ler

Nr. 5

z. B.
Der dümmste Bauer erntet die größten Kartoffeln. (Sprichwort)
Die dünnsten Äste des Baumes sind bei dem Sturm heruntergefallen.
...
Dieser Bus ist morgens am vollsten.

6. Schreibe die Mehrzahl in Silben getrennt auf.
Leite dann davon die Einzahl ab.
Unterstreiche die doppelten Mitlaute.

die Bet - ten → das Bett

die Käm - me → der Kamm

die Nüs - se → die Nuss

die Päs - se → der Pass

die Küs - se → der Kuss

7. Ergänze die Verben (Tunwörter).
Schreibe sie dann getrennt in der ersten Vergangenheit auf.
Unterstreiche die doppelten Mitlaute.

wi s - s en: Tarik wuss - te alles.

bre n - n en: Das Feuer brann - te hell.

kä m - m en: Maja kämm - te ihre Haare.

re n - n en: Anna rann - te wie der Blitz.

sti m - m en: Der Musiker stimm - te die Gitarre.

scha f - f en: Die Mannschaft schaff - te den Sieg.

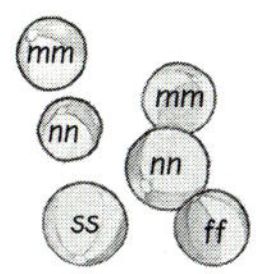

Wenn du nicht weißt, ob ein Wort mit doppeltem Mitlaut geschrieben wird, musst du ein zweisilbiges verwandtes Wort bilden und dieses in Silben trennen:
dün - ner → dünn, Bet - ten → Bett, käm - men → kämmt.

8. Setze **mm** oder **m** ein. Vergleiche mit deinem Partner.
Sprecht darüber und überprüft mit dem Wörterbuch.

er ko mm t war m der Schwa mm

Wörter mit Dehnungs-h

1. Unterstreiche den betonten lang gesprochenen Selbstlaut.

fahren wohnen zahlen zählen nehmen kehren

2. Ordne die Wörter nach dem Buchstaben, der dem **h** folgt.
Unterstreiche in jedem Wort das **h** und den folgenden Mitlaut.

Fehler	Bühne	zahm	wohnen	fühlen	bohren	belohnen	nehmen
führen	kühlen	Rahmen	rühren	wählen	Ruhm	ohne	Lehrer

-hl-: Fehler, fühlen, kühlen, wählen

-hm-: zahm, nehmen, Rahmen, Ruhm

-hn-: Bühne, wohnen, belohnen, ohne

-hr-: bohren, führen, rühren, Lehrer

3. Ergänze den Satz:

In vielen Wörtern wird nach einem betonten lang gesprochenen Selbstlaut ein Dehnungs-h eingefügt.

Es steht oft vor l, m, n oder r.

13

4. Bilde die Reimwörter. Unterstreiche die Merkstellen.

führen	Sohn	Kohl	Zahn	kühlen
rühren	Lohn	hohl	Bahn	fühlen
zählen	stehlen	wehren	Zahl	lahm
wählen	fehlen	kehren	Wahl	zahm

Seite 27

5. Ergänze das verwandte Wort. Markiere den Wortstamm mit der Merkstelle.

die Umkehr – umkehren
der Lehrer – die Lehrerin
die Wohnung – wohnen
der Bohrer – bohren
die Führung – führen
der Lohn – belohnen
die Höhle – hohl
die Gefahr – gefährlich
die Kühlung – kühlen
die Ahnung – ahnen

Bei verwandten Wörtern bleibt das Dehnungs-h im Wortstamm erhalten: Führung, führt, ausführlich.

14

6. Bilde Wörter mit **-lich**. Markiere den Wortstamm mit der Merkstelle.

froh – fröhlich
Ehre – ehrlich
Jahr – jährlich
Gewohnheit – gewöhnlich

7. Setze die Verben (Tunwörter) in der richtigen Gegenwartsform ein.

Der Zahnarzt bohrt bei Anna sehr vorsichtig (bohren). Trotzdem fühlt sie sich nicht ganz wohl (fühlen). Zu Hause kühlt sie sich die schmerzende Seite (kühlen). Weil Anna so tapfer war, wird sie von ihrer Mutter mit einem Eis belohnt (belohnen).

3

8. Schreibe die Geschichte in der 1. Vergangenheit auf.

9. Erkläre deinem Partner die Bedeutung der Wörter. Verwende jedes Wort in einem Satz.

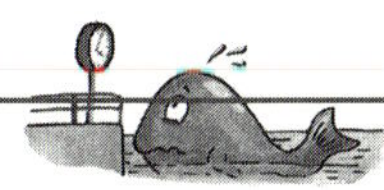

die Wahl – der Wal
wahr – es war
spät – er späht

Nr. 8

Der Zahnarzt bohrte bei Anna sehr vorsichtig. Trotzdem fühlte sie sich nicht ganz wohl. Zu Hause kühlte sie sich die schmerzende Seite. Weil Anna so tapfer war, wurde sie von ihrer Mutter mit einem Eis belohnt.

Nr. 9

z. B.
Die Wahl zum Klassensprecher gewann er haushoch.
Der Wal ist das größte Säugetier der Welt.

Die Aussage ist wahr.
Es war einmal eine schöne Königstochter.

Es ist schon spät.
Der Pirat späht mit dem Fernrohr nach einem Beuteschiff.

Wörter mit Dehnungs-h trennen

1. Unterstreiche das **h**.
Zeichne Silbenbögen unter die Wörter.

Fehler	Bühne	wohnen	fühlen	bohren	nehmen	Höhle
führen	kühlen	Rahmen	rühren	wählen	ohne	Lehrer

2. Ergänze:

Bei Wörtern mit Dehnungs-h kommen beim Trennen
l, *m*, *n* oder *r* zur *zweiten* Silbe.
Das Dehnungs-**h** bleibt bei der *ersten* Silbe.

15

3. Schreibe die Wörter von Aufgabe 1 getrennt auf.
Unterstreiche das **h** und **l**, **m**, **n**, **r**.

Feh - ler, Büh - ne, woh - nen, füh - len, boh - ren, neh - men,
Höh - le, füh - ren, küh - len, Rah - men, rüh - ren, wäh - len,
oh - ne, Leh - rer

4. Schreibe auch diese Wörter getrennt auf.
Unterstreiche das **h** und **l**, **m**, **n**, **r**.

fehlerfrei, belohnen, Lehrerin, ernähren, während, Nahrung, umkehren, Führung, erzählen

5. Schreibe je vier Sätze mit Verben (Tunwörtern) aus den Aufgaben 1 und 4 auf.
Verwende sie dabei in der ersten Vergangenheit.
Unterstreiche das **h**.

Nr. 4

feh-ler-frei, be-loh-nen, Leh-re-rin, er-näh-ren, wäh-rend, Nah-rung, um-keh-ren, Füh-rung, er-zäh-len

Nr. 5

z. B.
Sie wohnte vorher in Berlin.
Er führte uns durch sein Haus.
Sie bohrte ein Loch.
Er nahm einen Apfel.
Sie ernährte sich gesund.
Max erzählte eine spannende Geschichte.
Er belohnte seinen Hund.
Sie kehrten um.

Wörter mit silbentrennendem h trennen

1. Sprich die Wörter so in Silben, dass du das **h** und die Endung **-en** hörst.
Zeichne Silbenbögen unter die Wörter.

blühen glühen drehen drohen sprühen nähen

Mühe Ruhe Höhe Rehe Nähe Kühe Schuhe

2. Unterstreiche das **h**.

3. Ergänze:

Beim Trennen kommt das silbentrennende **h** zur *zweiten* Silbe.
Ich höre das silbentrennende **h**, wenn ich das Wort trenne.
Es bleibt in der Wortfamilie erhalten.

16

4. Schreibe die Wörter von Aufgabe 1 getrennt auf.

Nr. 4

blü-hen, glü-hen, dre-hen, dro-hen, sprü-hen, nä-hen, Mü-he, Ru-he, Hö-he, Re-he, Nä-he, Kü-he, Schu-he

5. Sprich die Verben (Tunwörter) so, dass du das **h** hörst.
Ergänze die getrennten Grundformen. Setze nun die Personalformen ein.

mü - *h* en: Sie *müht* sich mit den Hausaufgaben.

blü - *h* en: Endlich *blüht* der Baum.

ru - *h* en: Sie *ruht* sich aus.

lei - *h* en: Er *leiht* sich ein Buch aus.

glü - *h* en: Die Asche *glüht* im Grill.

6. Schreibe verwandte Wörter mit **h** auf. Unterstreiche das **h**.

z. B. die Nähe – n*ah* die Flöhe – der F*loh* nähen – die N*äherin*

Eine besondere Wahl

Der letzte Streit zwischen zwei Schülern ärgerte die gesamte Klasse sehr. Der Klassensprecher forderte deshalb alle auf, zwei Streitschlichter zu bestimmen. Darauf begann eine interessante Diskussion darüber, welche Erwartungen an die zukünftigen Streitschlichter zu stellen seien.
„Wir müssen jemanden finden, der das richtige Gefühl für diese Aufgabe hat!“, sagte Jan. „Die bravsten Schüler schaffen dies nicht.“ Einige Kinder waren bereit, dieses Amt zu übernehmen. Schließlich wurden in geheimer Wahl Anna und Faruk als Streitschlichter gefunden.
„Die beiden können sich gut in andere einfühlen und ruhig zuhören“, lobte die Lehrerin die Wahl.

Übungswörter

Streit	letzte
ärgern	bestimmen
interessant	Erwartung
jemanden	Gefühl
brav	schaffen
bereit	geheim
fühlen	ruhig
zukünftig	
beginnen/begann	

1. Lies die Geschichte.
Sprich mit deinem Partner darüber, welche Eigenschaften Streitschlichter haben müssen.

2 **2.** Schreibe die Übungswörter mit doppeltem Mitlaut auf.
Erkläre deinem Partner ihre Schreibung.
Male unter den kurz gesprochenen Selbstlaut einen Punkt.

interessant, beginnen / begann, bestimmen, schaffen

2 **3.** Schreibe die Übungswörter auf, die ein **h** enthalten. Unterstreiche das **h**.

fühlen, Gefühl, geheim, ruhig

13 16 **4.** Welche Wörter haben ein Dehnungs-**h**, welche ein silbentrennendes **h**?
Umkreise mit unterschiedlicher Farbe.
Erkläre deinem Partner die Unterschiede.

5. Welche Übungswörter passen? Trage sie in Druckschrift ein.

ärgern letzte zukünftig brav

Nr. 2

mündlich:
Nach kurz gesprochenem Selbstlaut folgt oft ein doppelter Mitlaut.

Nr. 4

mündlich:
Das Dehnungs-h kann man nicht hören. Es steht meist vor l, m, n, r. Beim Trennen bleibt das Dehnungs-h bei der ersten Silbe. Das silbentrennende h kann ich beim Trennen hören. Es kommt zur zweiten Silbe.

Nr. 5

Im ersten Kasten gibt es zwei Möglichkeiten: ärgern und begann.

6. Suche die Übungswörter in der Wörterschlange. Umkreise sie.
Schreibe sie dann auf.

7. Schreibe die Übungswörter mit zwei und drei Silben getrennt auf.

8. Schreibe die Übungswörter darunter, die sich reimen.
Unterstreiche, was gleich bleibt.

kühlen	breit	setzte	gaffen	gewinnen
fühlen	*Streit*	*letzte*	*schaffen*	*beginnen*

9. Ergänze die verwandten Übungswörter.
Unterstreiche bei allen Wörtern den Wortstamm.

der Ärger	– *ärgern*	das Gefühl	– *fühlen*
die Ruhe	– *ruhig*	der Beginn	– *beginnen / begann*
das Geheimnis	– *geheim*	die Zukunft	– *zukünftig*

10. Schreibe die Verben (Tunwörter) in der 1. und 2. Vergangenheit auf.
Unterstreiche den Wortstamm.
Besprich mit deinem Partner, was gleich bleibt.

beginnen	– es *begann*	– es hat *begonnen*
gewinnen	– sie *gewann*	– sie hat *gewonnen*
schwimmen	– wir *schwammen*	– wir sind *geschwommen*

11. Unterstreiche alle Übungswörter im Text. Schreibe die Sätze auf.

Der letzte Streit in der Klasse 4 b ärgerte alle Schüler. Sie wollen zwei Streitschlichter. Jan meint, dies sei eine interessante Aufgabe mit großen Erwartungen an die zukünftigen Streitschlichter. „Es muss jemand sein, der sich in andere Schüler einfühlen und ruhig zuhören kann." Nach geheimer Wahl freuen sich alle Schüler, dass Anne und Faruk die Aufgabe übernehmen.

Seite 31

Nr. 6

jemanden, Streit, Erwartung, bereit

Nr. 7

zwei Silben:
är-gern, be-reit, füh-len, be-gann, letz-te, Ge-fühl, schaf-fen, ge-heim, ru-hig

drei Silben:
je-man-den, zu-künf-tig, be-gin-nen, be-stim-men, Er-war-tung

Nr. 11

Der letzte Streit in der Klasse 4 b ärgerte alle Schüler. Sie wollen zwei Streitschlichter. Jan meint, dies sei eine interessante Aufgabe mit großen Erwartungen an die zukünftigen Streitschlichter. „Es muss jemand sein, der sich in andere Schüler einfühlen und ruhig zuhören kann." Nach geheimer Wahl freuen sich alle Schüler, dass Anne und Faruk die Aufgabe übernehmen.

Wörter mit ie

1. Achte auf den lang gesprochenen **i**-Laut. Unterstreiche **ie**.

Wiese Zwiebel vier Knie dienen siegen Dieb Ziege

2. Ergänze den Satz:

Einen lang gesprochenen **i**-Laut schreiben wir meist mit *ie*.
Bei verwandten Wörtern bleibt **ie** im Wortstamm erhalten.

3. Finde Reimwörter. Unterstreiche **ie**.

die Niete	das Spiel	der Riegel	die Ziege
die *Miete*	das *Ziel*	der *Spiegel*	die *Fliege*
die Diebe	die Schiene	der Sieg	das Ziel
die *Liebe*	die *Biene*	der *Dieb*	der *Stiel*

4. Schreibe fünf Nomen (Namenwörter) und fünf Verben (Tunwörter) mit **ie** auf. Unterstreiche **ie**.

Frie Bei Kie Spie Tie — gel fer spiel den fe

zie rie spie bie flie — ßen ten chen len geln

5. Sprich die Verben (Tunwörter) in Silben. Zeichne Silbenbögen darunter. Unterstreiche **ie**.

biegen wiegen frieren kriechen schieben gießen

schließen riechen verbieten verlieren fliegen bieten

Nr. 4

Nomen:
Frieden, Beispiel, Kiefer, Spiegel, Tiefe

Verben:
zielen, riechen, spiegeln, bieten, fließen

Seite 33 — Sicher zum Grundwortschatz 4

6. Schreibe die Nomen (Namenwörter) in der Mehrzahl mit Artikel (Begleiter) auf. Unterstreiche den Wortstamm. Umkreise **ie**.

der Krieg – die *Kriege* — das Ziel – die *Ziele*

der Brief – die *Briefe* — der Stiel – die *Stiele*

die Miete – die *Mieten* — die Wiese – die *Wiesen*

das Lied – die *Lieder* — das Papier – die *Papiere*

7. Unterstreiche den Wortstamm. Schreibe dann die verwandten Nomen (Namenwörter) mit Begleiter (Artikel) auf.

zielen – *das Ziel* — mieten – *der Mieter*

spiegeln – *der Spiegel* — wiegen – *die Wiege*

dienen – *der Diener* — spielen – *das Spiel*

8. Schreibe das verwandte Adjektiv (Wiewort) auf. Unterstreiche **ie**.

die Liebe – *lieblich* — die Schwierigkeit – *schwierig*

der Riese – *riesig* — die Neugierde – *neugierig*

die Tiefe – *tief* — der Frieden – *friedlich*

9. Setze die Verben (Tunwörter) in der Gegenwartsform ein.

Der Baum *biegt* sich im Wind (biegen). Der Metzger *wiegt* die Wurst (wiegen). Die Biene *fliegt* von Blüte zu Blüte (fliegen). Lea *riecht* an den Blumen (riechen). Ulis Gesicht *spiegelt* sich im Wasser (spiegeln). Jan *zielt* auf das Tor (zielen).

10. Schreibe die Sätze auf. Unterstreiche alle **ie**.

Nr. 10

Der Baum biegt sich im Wind. Der Metzger wiegt die Wurst.
Die Biene fliegt von Blüte zu Blüte. Lea riecht an den Blumen.
Ulis Gesicht spiegelt sich im Wasser. Jan zielt auf das Tor.

Unregelmäßige Verben (Tunwörter) mit ie

1. Schreibe die Verben (Tunwörter) in der 1. Vergangenheit auf. Unterstreiche **ie**. Vergleiche mit dem Wörterbuch.

rufen	– du	riefst	schreien	– er	schrie
schlafen	– ich	schlief	laufen	– ich	lief
fallen	– er	fiel	steigen	– wir	stiegen
bleiben	– wir	blieben	schreiben	– er	schrieb
halten	– er	hielt	treiben	– es	trieb
schweigen	– wir	schwiegen	scheinen	– sie	schien

2. Schreibe die Verben (Tunwörter) in der Gegenwart und in der 1. Vergangenheit auf. Unterstreiche **ieß** und **oss**. Vergleiche mit dem Wörterverzeichnis.

Grundform	Gegenwart	1. Vergangenheit
fließen:	Der Bach fließt langsam.	Der Bach floss langsam.
gießen:	Sara gießt die Blumen.	Sara goss die Blumen.
schließen:	Leon schließt die Augen.	Leon schloss die Augen.

3. Schreibe die Verben (Tunwörter) in der Gegenwart und in der 1. Vergangenheit auf. Das Wörterbuch hilft dir.

Grundform	Gegenwart	1. Vergangenheit
ziehen	er zieht	er zog
sehen	er sieht	er sah
geschehen	es geschieht	es geschah

Wörter mit -ieren und lang gesprochenem i

1. Schreibe die verwandten Verben (Tunwörter) mit **-ieren** auf. Unterstreiche **-ieren**.

Telefon	– telefonieren	Nummer	– nummerieren
Fotograf	– fotografieren	Skizze	– skizzieren
Information	– informieren	Spaziergang	– spazieren

2. Bilde mit jedem Verb (Tunwort) aus Aufgabe 1 einen Satz. Unterstreiche **-ieren**.

3. Unterstreiche **ie** und **i**. Erkläre deinem Partner die Bedeutung der Wörter.

das Lied – das Lid   wieder – wider   der Stiel – der Stil

Bei einigen Wörtern wird der lang gesprochene **i**-Laut nur mit **i** geschrieben. Du musst sie dir gut merken: zum Beispiel **L**id, **S**til, **I**gel, **B**ibel, **K**ino, Benzin; **R**uine, Kab**ine**, Kus**ine**.

18

4. Setze die Silben richtig zusammen. Unterstreiche das **i**.

Bi | Fi | Kroko | Ti | Bi   bel | dil | ber | bel | ger

Bibel, Fibel, Krokodil, Tiger, Biber

5. Bei Wörtern mit der Endung **-ine** hört man das lang gesprochene **i** besonders deutlich. Schreibe sie mit Begleiter auf.

Law	die Lawine	Vitam	die Vitamine
Apfels – ine	die Apfelsine	Pral – ine	die Praline
Masch	die Maschine	Ros	die Rosine

6. Schreibe Sätze mit den Wörtern aus den Aufgaben 4 und 5.

Nr. 2

zu telefonieren:
z. B. Die Mutter telefoniert jeden Sonntag stundenlang mit ihrer Freundin.

zu fotografieren:
z. B. Im Urlaub möchte ich immer ganz viel fotografieren.

zu informieren:
z. B. Sie informiert dich gern über das neue Buch.

zu nummerieren:
z. B. Sie sollen alle Aufgaben nummerieren.

zu skizzieren:
z. B. Wir setzten uns hinaus, um die Schule zu skizzieren.

zu spazieren:
z. B. Er geht gern mit seinem Hund spazieren.

Nr. 6

z. B.
Im Religionsunterricht lesen wir Ausschnitte aus der Bibel.
Die Pralinen von Oma schmecken sehr lecker.

Straßenfest

Übungswörter

treffen	fertig
Führung	fleißig
Lied	glücklich
bevor	Geruch
schließlich	vielleicht
hoffen	fröhlich
bisschen	

Hanna, Mia und Alina trafen sich auf dem Straßenfest. Alle Nachbarn hatten unter der Führung von Alinas Eltern bei den Vorbereitungen fleißig mitgeholfen. Sie waren glücklich darüber, dass alle Arbeiten rechtzeitig fertig geworden waren.
Bald stieg den Mädchen der Geruch von Bratwürsten in die Nase. „Vielleicht dürfen wir schon probieren?“, hoffte Alina. Bevor die Kinder schließlich nach Hause mussten, schauten sie sich noch ein bisschen um und sangen fröhlich Lieder.

1. Lies die Geschichte. Sprich mit deinem Partner darüber, ob es bei euch auch lustige Straßenfeste gibt.

2 4

2. Schreibe die Übungswörter mit doppeltem Mitlaut oder **ck** auf. Markiere den kurz gesprochenen Selbstlaut davor.

treffen, hoffen, bisschen, glücklich

17 2

3. Schreibe die Übungswörter mit **ie** auf. Unterstreiche **ie**.

Lied, schließlich, vielleicht

4. Setze die richtigen Übungswörter ein. Schreibe das Wort darunter.

G e r u c h   h o f f e n   f e r t i g

Geruch   *hoffen*   *fertig*

s c h l i e ß l i c h   b e v o r

schließlich   *bevor*

Geheimschrift:
__ = Mitlaut
▒ = Selbstlaut

5. Schreibe von den Übungswörtern die Nomen (Namenwörter) in Einzahl und Mehrzahl mit Artikel (Begleiter) auf. Unterstreiche den ersten Buchstaben.

6. Ordne die Übungswörter nach dem Abc. Überprüfe mit dem Wörterverzeichnis.

Nr. 5

die Führung - die Führungen
das Lied - die Lieder
der Geruch - die Gerüche

Nr. 6

bevor, bisschen, fertig, fleißig, fröhlich, Führung, Geruch, glücklich, hoffen, Lied, schließlich, treffen, vielleicht

7. Ergänze die verwandten Adjektive (Wiewörter).

das Glück	– *glücklich*		
die Jugend	– *jugendlich*		
der Frieden	– *friedlich*	die Angst	– *ängstlich*
der Sand	– *sandig*	der Schreck	– *schrecklich*
die Ehre	– *ehrlich*	der Wind	– *windig*
der Fleiß	– *fleißig*	der Freund	– *freundlich*

8. Unterstreiche in Aufgabe 7 die Nachsilben **-lich** und **-ig**.

Mit den Nachsilben **-lich** und **-ig** werden aus Nomen (Namenwörtern) Adjektive (Wiewörter). (19)

9. Suche aus dem Wörterverzeichnis Adjektive (Wiewörter) mit **-ig**. Bilde die verwandten Nomen (Namenwörter) dazu. Schreibe sie auf.

10. Schreibe die zweisilbigen Übungswörter in Silben getrennt auf. Schreibe zu jedem Übungswort die Nummer des Merksatzes, der dir geholfen hat, richtig zu trennen: *bren - nen M 11*

11. Schreibe die Verben (Tunwörter) in der 1. und 2. Vergangenheit auf.

treffen · steigen · hoffen · fließen · messen · gießen
fressen · beißen · schließen · vergessen · wissen · rennen

12. Bilde mit fünf Übungswörtern eigene Sätze. Diktiere sie deinem Partner. Vergleicht dann.

13. Schreibe über ein Fest, das du erlebt hast.

Seite 37

Nr. 9

z. B. dreckig - der Dreck
fleißig - der Fleiß

Nr. 10

tref-fen M 11, Füh-rung M 15, be-vor M 8, schließ-lich M 8, hof-fen M 11, biss-chen M 10, fer-tig M 8, flei-ßig M 8, glück-lich M 9/10, Ge-ruch M 8, viel-leicht M 11, fröh-lich M 15

Nr. 11

treffen - er traf - sie haben getroffen
steigen - er stieg - sie sind gestiegen
hoffen - er hoffte - sie haben gehofft
fließen - er floss - sie sind geflossen
messen - er maß - sie haben gemessen
gießen - er goss - sie haben gegossen
fressen - er fraß - sie haben gefressen
beißen - er biss - sie haben gebissen
schließen - er schloss - sie haben geschlossen
vergessen - er vergaß - sie haben vergessen
wissen - er wusste - sie haben gewusst
rennen - er rannte - sie sind gerannt

Nr. 12

z. B. Die Führung durch das Schloss war sehr interessant.

Wörter mit ä und äu

1. Verbinde die verwandten Wörter mit einem Strich.
Unterstreiche **a** und **ä**, **au** und **äu**.

Hang	kalt	fahren	Angst	Platz	braun	rauben	Schlauch	Frau
Kälte	hängen	fährt	Plätze	ängstlich	Räuber	Schläuche	bräunlich	Fräulein

2. Ergänze den Satz:

Ich schreibe Wörter meist mit **Ä/ä** oder **Äu/äu**, wenn es ein verwandtes Wort mit A / a oder Au / au gibt.

3. Suche das verwandte Nomen (Namenwort). Ergänze die fehlenden Buchstaben. Unterstreiche **a/ä** und **au/äu**.

der Arzt	– die Ärzte	der Draht	– die Drähte
der Kamm	– die Kämme	das Land	– die Länder
die Naht	– die Nähte	der Pass	– die Pässe
der Traum	– die Träume	der Raum	– die Räume
der Strauß	– die Sträuße	das Kraut	– die Kräuter
die Faust	– die Fäuste	die Laus	– die Läuse

4. Suche zu jedem Adjektiv (Wiewort) die Höherstufe oder das verwandte Nomen (Namenwort). Unterstreiche **a/ä** und **au/äu**.

stark – stärker	hart – härter	lang – länger
scharf – die Schärfe	nah – die Nähe	nass – die Nässe
kalt – die Kälte	braun – die Bräune	schlau – die Schläue

5. Schreibe zu jedem Verb (Tunwort) das verwandte Nomen (Namenwort) und zu jedem Nomen (Namenwort) das verwandte Verb (Tunwort). Unterstreiche **a/ä** und **au/äu**.

backen	– der Bäcker	der Hang	– hängen
packen	– das Päckchen	die Qual	– quälen
bauen	– das Gebäude	die Nahrung	– ernähren
rauben	– der Räuber	der Kamm	– kämmen
wachsen	– das Gewächs	die Wahl	– wählen
raten	– das Rätsel	die Naht	– nähen

6. Bilde die Grundform des Verbs (Tunworts) und ergänze. Unterstreiche **a** und **ä**.

wachsen: Das Gras w ä chst schnell.

lassen: Lisa l ä sst Faruk mitspielen.

backen: Mutter b ä ckt einen guten Kuchen.

(er)raten: Anna err ä t das Rätsel.

waschen: Niclas w ä scht sich die Hände.

20

7. **eu** oder **äu**? Ergänze die fehlenden Doppellaute.

das F eu er die R äu me h äu fig f eu cht l eu chten tr äu men

8. Manche Wörter mit **ä** lassen sich nicht ableiten. Schreibe die Wörter auf.

rgernä hrendwä figKä rmLä neTrä hrungefä

ärgern während Käfig Lärm Träne ungefähr

9. Bilde Sätze mit den Wörtern von Aufgabe 8. Unterstreiche **ä**.

Seite 39

Nr. 9

z. B.
Ich habe mich sehr geärgert.
Während du schliefst, habe ich sauber gemacht.
Ich muss jede Woche den Käfig putzen.
Was ist hier für ein Lärm?
Eine Träne schmeckt salzig.
Ich bin in ungefähr 5 Minuten fertig.

Fehler entdecken, erklären und verbessern

1. Vergleiche Wort für Wort.
Streiche fehlerhaft geschriebene Wörter durch.

Umzug
Tim ist mit seinen Eltern letzte Woche umgezogen. Die neue Wohnung ist größer und liegt auch in einer ruhigen Gegend. Tim hat nun ein großes helles Zimmer mit ganz tollen Möbeln. Besonders gerne sitzt er an seinem Schreibtisch in dem bequemen Stuhl, den ihm seine Oma geschenkt hat. Aber noch fehlen passende Vorhänge und einige Bilder an der Wand.

Umzug
Tim ist mit seinen ~~Eltern~~ ~~lezte~~ Woche umgezogen. Die neue ~~Wonung~~ ist ~~gröser~~ und ~~ligt~~ auch in einer ruhigen ~~Gegnd~~. Tim hat nun ein großes helles ~~Zimer~~ mit ganz tollen ~~Möbln~~. Besonders gerne ~~sizt~~ er an seinem Schreibtisch in dem ~~bekwemen~~ ~~Stul~~, den ihm seine Oma geschenkt hat. Aber noch ~~felen~~ passende ~~Vorhenge~~ und einige Bilder an der ~~Want~~.

2. Schreibe die fehlerhaft geschriebenen Wörter hier richtig auf.
Markiere die verbesserte Stelle.

Eltern ❶, letzte ❶❸, Wohnung ❷, größer ❷, liegt ❷, Gegend ❶,
Zimmer ❸, Möbeln ❶, sitzt ❶❸,
bequemen ❷, Stuhl ❷,
fehlen ❷, Vorhänge ❸, Wand ❸

Überlege, warum die Fehler passiert sind:
Habe ich ❶ nicht deutlich gesprochen?
❷ mir eine Besonderheit nicht eingeprägt?
❸ nicht an eine gelernte Hilfe gedacht?

3. Schreibe die entsprechenden Nummern über die berichtigten Wörter in Aufgabe 2.

4. Kennzeichne in den Wörtern die Fehlerstelle. Benutze im Zweifel dein Wörterbuch. Ordne jedes Wort dann richtig zu.

der Strant	die Gebut	kreftig	erwaten	verwant	rechs
schüteln	die Zukunf	der Walt	fliesen	der Drat	wexeln

❶ Diese Wörter spreche ich ganz deutlich	❷ Bei diesen Wörtern merke ich mir eine Besonderheit	❸ Bei diesen Wörtern denke ich an eine gelernte Hilfe
Ferien	Fehler	Län - der – Land
die Geburt	verwandt	Kraft – kräftig
erwarten	fließen	schüt - teln
die Zukunft	der Draht	Strän - de – Strand
rechts	wechseln	Wäl - der – Wald

5. Lege dir eine persönliche Trainingsliste mit deinen Fehlerwörtern an. Sie kann so aussehen:

Meine Übungswörter	Ich schreibe die Mehrzahl, 2. Person oder Steigerungsstufe	Ich schreibe in Silben getrennt	Ich schreibe ein verwandtes Wort
die Heizung	die Heizungen	Hei - zung	heizen
erzählen	du erzählst	er - zäh - len	die Erzählung
groß	größer	grö - ßer	vergrößern
...			

6. Übe nach diesem Muster die folgenden Wörter.

wecken Stimme Lohn dünn fließen fleißig führen

Nr. 6

z. B.

Meine Übungswörter	Ich schreibe die Mehrzahl, 2. Person oder Steigerungsstufe	Ich schreibe in Silben getrennt	Ich schreibe ein verwandtes Wort
wecken	du weckst	we-cken	der Wecker
Stimme	die Stimmen	Stim-me	stimmen
Lohn	die Löhne	–	lohnen
dünn	dünner	–	Dünndarm
fließen	er fließt	flie-ßen	Fluss
fleißig	fleißiger	flei-ßig	Fleiß
führen	sie führt	füh-ren	Führung

Das Wörterbuch als Hilfsmittel nutzen

1. Ergänze die Seitenangaben aus deinem Wörterbuch.

Suchgruppe I a b c d e f g h	Suchgruppe II i j k l m n o p qu	Suchgruppe III r s t u v w x y z
z. B. S. 130 bis S. 180	S. 180 bis S. 212	S. 212 bis S. 263

Du kannst ein Wort in deinem Wörterbuch rascher finden, wenn du die Buchstaben des Abc in Suchgruppen einteilst.
So findest du schnell das Wort **Wecker**:
Zuerst in die **Suchgruppe 3** greifen. → Dort den Buchstaben **W** aufschlagen. → Hier findest du das Wort **Wecker**.

2. Nenne deinem Partner ein Wort.
Er nennt dir die Suchgruppe und die Seite des Wörterbuches, auf der er das Wort findet. Gib ihm an, wie viele Sekunden er gebraucht hat.
Wechselt euch nach fünf Wörtern ab. Wer ist am schnellsten?

Am oberen Rand jeder Wörterbuchseite stehen zwei Leitbuchstaben.
Sie nennen die Anfangsbuchstaben des ersten und des letzten Wortes jeder Seite. Wenn dein gesuchtes Wort dem Abc nach zwischen ihnen einzuordnen ist, findest du es auf dieser Seite.

3. Hier sind die Leitbuchstaben von drei Seiten eines Wörterbuches angegeben.
Gib an, bei welchen Leitbuchstaben du die folgenden Wörter findest.

(1)	(2)	(3)
bez – blo	blü – bri	ber – bew

Birke (1) Blitz (1) Beruf (3) Brauch (2) Besen (3) Brett (2)

Boden (2) Beute (3) biegen (1) blicken (1) Brille (2) Bett (3)

Wenn du dir über den Anfangsbuchstaben eines Wortes nicht sicher bist, so suchst du unter beiden Buchstaben: Krist oder Christ? Du musst unter **K** und **C** suchen.

4. Unter welchen Buchstaben findest du die folgenden Wörter? Schlage nach und ergänze.

Gesuchtes Wort	unter	auf	Gesuchtes Wort	unter	auf
der Clown	C	z. B. S. 146	die Vase	V	z. B. S. 245
das Video	V	S. 250	der Vulkan	V	S. 252
der Cent	C	S. 145	der Chor	C	S. 146

Verben (Tunwörter) in der Personalform findest du im Wörterbuch nur unter ihrer Grundform.

5. Schlage zu den folgenden Personalformen die Grundform im Wörterbuch nach. Schreibe dann eine weitere Form des gleichen Verbs (Tunworts) auf.

	Grundform		Dort steht auch
er sprach	sprechen	z. B. S. 231	spricht, sprach, gesprochen
es geschah	geschehen	S. 170	geschieht, geschah, geschehen
du gewannst	gewinnen	S. 171	gewinnt, gewann, gewonnen

6. Schlage die Verben (Tunwörter) mit Vorsilbe im Wörterbuch nach. Unterstreiche alle, die du nur ohne Vorsilbe in ihrer Grundform findest.

z. B. anziehen <u>übergeben</u> <u>erfinden</u> <u>besprechen</u> <u>wegwerfen</u> verbrennen

zerbrechen berichten verbrauchen <u>bedrohen</u> ausdrucken

Besuch in der Steinzeit

Übungswörter

kriechen	Stamm
frieren	ungefähr
Höhle	Block
messen	anfertigen
Nachmittag	Höhe
Bohrer	ziehen
wiegen	skizzieren

Eigentlich hatte Hannes keine Lust, den Nachmittag mit seinen Eltern im Museum zu verbringen. Aber dann fand er es doch interessant zu sehen, wie die Menschen vor ungefähr 10 000 Jahren lebten. Genau betrachtete er die aus Steinen und Knochen angefertigten Werkzeuge. Schließlich skizzierte er auf seinem Block einen Bohrer, der ihn besonders beeindruckte. Abbildungen zeigten ihm, wie die Steinzeitmenschen in Höhlen krochen, um nicht zu frieren. Auf der Suche nach Nahrung zogen sie weit umher. Dabei kam es auch zu Auseinandersetzungen mit fremden Stämmen. Vor einem Mammut überlegte er, welche Höhe das Tier wohl maß und wie viele Tonnen es wog.

1. Lies die Geschichte. Sprich mit deinem Partner darüber, was dich am Leben der Steinzeitmenschen interessiert.

2. Lies die Übungswörter. Unterstreiche sie im Text. Schreibe die Übungswörter, die im Text in anderer Form vorkommen, so auf: *laufen – lief*

3. Welche Übungswörter erscheinen dir leicht, welche schwierig? Schreibe sie nach dem Abc geordnet so auf:

Für mich leichte Wörter	Für mich schwierige Wörter

Vergleiche mit deinem Partner.

2

4. Erkennst du die vier Übungswörter? Trage sie in Druckschrift ein.

u n g e f ä h r   B l o c k   s k i z z i e r e n

5. Sechs Übungswörter sind Nomen (Namenwörter). Schreibe sie mit Artikel (Begleiter) in Einzahl und Mehrzahl auf. Überprüfe mit dem Wörterbuch.

Nr. 2

anfertigen - angefertigten	*ziehen - zogen*
skizzieren - skizzierte	*Stamm - Stämmen*
Höhle - Höhlen	*messen - maß*
kriechen - krochen	*wiegen - wog*

Nr. 3

z. B.

Für mich leichte Wörter	*Für mich schwierige Wörter*
anfertigen	*Bohrer*
Block	*Höhe*
frieren	*Höhle*
kriechen	*Nachmittag*
messen	*skizzieren*
Stamm	*ungefähr*
wiegen	*ziehen*

Nr. 5

Höhle: die Höhle, die Höhlen
Nachmittag: der Nachmittag, die Nachmittage
Bohrer: der Bohrer, die Bohrer
Stamm: der Stamm, die Stämme
Block: der Block, die Blöcke
Höhe: die Höhe, die Höhen

15 16 **6.** Schreibe diese Übungswörter in Silben getrennt auf.
Unterstreiche das silbentrennende **h** und das Dehnungs-h unterschiedlich.

Höhe	Höhle	ziehen	Bohrer
Hö - he	Höh - le	zie - hen	Boh - rer

7. Welche Übungswörter haben diese Bedeutung? Schreibe sie auf.

größere Volksgruppe z. B. Indianer	etwa	Tageszeit zwischen Mittag und Abend	zusammengeheftete Papierbögen
Stamm	ungefähr	Nachmittag	Block

7 **8.** Immer drei Wörter gehören zur gleichen Wortfamilie.
Schreibe sie nebeneinander auf.

Höhle	ziehen	fertig	Skizzenblock	bohren	hohl	Erziehung	anfertigen
Bohrer	Skizze	aushöhlen	beziehen	Anfertigung	skizzieren	Bohrung	

9. Schreibe die Übungswörter auf, die sich reimen. Bilde dazu
die 1. Vergangenheit. Unterstreiche den veränderten Wortstamm.

riechen	– wir rochen	verlieren	– sie verloren
kriechen	– wir krochen	frieren	– sie froren
fressen	– er fraß	fliegen	– ich flog
messen	– er maß	wiegen	– ich wog

10. Setze Verben aus Aufgabe 9 in der 1. Vergangenheit ein.

Bei ihrem Besuch im Museum erfuhren die Kinder, dass die Menschen in der Steinzeit in warme Höhlen krochen. Trotzdem froren sie oft.

Vor einem Mammut durften sie schätzen, welche Höhe es ungefähr maß.

11. Verwende alle Verben unter den Übungswörtern in Sätzen.

Seite 45

Nr. 8

Höhle - hohl - aushöhlen
ziehen - Erziehung - beziehen
fertig - anfertigen - Anfertigung
Skizzenblock - Skizze - skizzieren
bohren - Bohrer - Bohrung

Nr. 11

Folgende Übungswörter sind Verben: kriechen, frieren, messen, wiegen, anfertigen, ziehen und skizzieren. Es müssen Sätze mit diesen Verben gebildet werden.
z. B. In Kunst sollen wir immer erst eine Skizze anfertigen.

Wortbausteine kennen und nutzen – Vorsilben

21

> Vorsilben sind Wortbausteine, die Wörtern eine neue Bedeutung geben.
> Die Schreibweise des Wortes wird durch die Vorsilbe nicht verändert.

1. Verwende das Verb (Tunwort) **nehmen** in den folgenden Sätzen mit den Vorsilben **ab-**, **über-**, **be-**.

Rudi sollte als letzter Läufer der Staffel den Stab *übernehmen*.

Eltern freuen sich, wenn sich ihre Kinder anständig *benehmen*.

Herr Mollig möchte dieses Jahr mehrere Kilogramm *abnehmen*.

2. Sprich mit deinem Partner über die unterschiedliche Bedeutung, die das Verb (Tunwort) **nehmen** durch die Vorsilben erhält.

3. Erkläre deinem Partner die Bedeutungsänderung durch die Vorsilbe **ent-**.

kommen – entkommen   laufen – entlaufen   laden – entladen

4. Prüfe, welche Verben (Tunwörter) mit der Vorsilbe **ent-** eine sinnvolle neue Bedeutung erhalten. Setze die Vorsilbe ein. Schreibe mit den Verben (Tunwörtern) dann Sätze auf.

ent schließen	___ rühren	*ent* täuschen	*ent* reißen
___ wiegen	___ kühlen	*ent* wickeln	*ent* springen

5. Ergänze die Buchtitel mit den angegebenen Nomen (Namenwörtern). Unterstreiche die Vorsilbe.

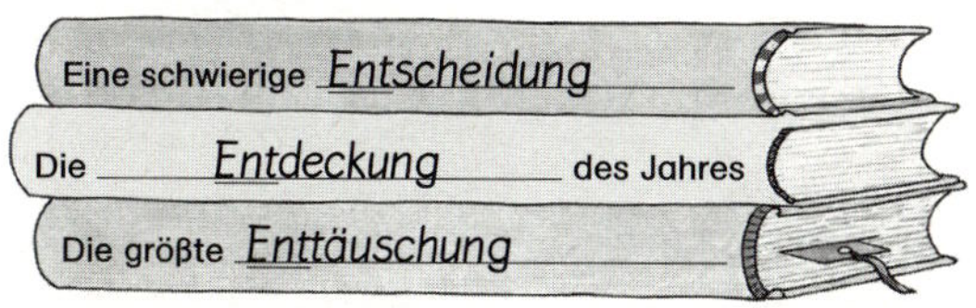

Enttäuschung
Entscheidung
Entdeckung

Nr. 4

z. B.
Sie entschließen sich dazu, in den Zoo zu gehen.
Ich bin sehr enttäuscht.
Die Hyäne entreißt der anderen die Beute.
Die Pflanze entwickelt sich gut.
Die Quelle entspringt in den Bergen.

6. Bilde Verben (Tunwörter) mit der Vorsilbe **ent-**.
Bilde aus diesen dann Nomen (Namenwörter) mit der Endung **-ung**.

ent-			-ung
	stehen	entstehen	die Entstehung
	führen	entführen	die Entführung
	fernen	entfernen	die Entfernung
	wickeln	entwickeln	die Entwicklung
	zünden	entzünden	die Entzündung
	scheiden	entscheiden	die Entscheidung

7. Setze Nomen (Namenwörter) oder Verben (Tunwörter) aus Aufgabe 6 in den Sätzen ein.

Völlig überraschend erzielte der Mittelstürmer aus großer *Entfernung* das Siegtor.

Anna konnte sich lange nicht *entscheiden*, welchen Beruf sie wählen sollte.

In der neuen Trainingsgruppe konnte Faruk sein großes Talent bald gut *entwickeln*.

Die Wunde führt zu einer sehr schlimmen *Entzündung*.

Der Prinz verhinderte die *Entführung* der Prinzessin.

3

8. Übe mit den Sätzen aus Aufgabe 7 das richtige Aufschreiben.

9. Suche in deinem Wörterbuch mindestens fünf weitere Wörter mit der Vorsilbe **Ent-/ent-**. Bilde Sätze mit ihnen.

Seite 47 Sicher zum Grundwortschatz 4

Nr. 8

Völlig überraschend erzielte der Mittelstürmer aus großer Entfernung das Siegtor. Anna konnte sich lange nicht entscheiden, welchen Beruf sie wählen sollte. In der neuen Trainingsgruppe konnte Faruk sein großes Talent bald gut entwickeln. Die Wunde führt zu einer sehr schlimmen Entzündung. Der Prinz verhinderte die Entführung der Prinzessin.

Nr. 9

z. B.
entschließen/Entschluss:
Ich entschließe mich dazu, im Garten zu spielen.
Mein Entschluss steht fest.

entsorgen/Entsorgung:
Der Vater entsorgt den Müll. Die Entsorgung kostet Geld.

enttäuschen/Enttäuschung:
Er war enttäuscht, als seine Mannschaft das Spiel verlor.
Die Enttäuschung war groß.

entspannen/Entspannung:
Wenn ich mit meinen Freunden spiele, bin ich entspannt.
Zur Entspannung spiele ich oft mit meinen Freunden.

entschuldigen/Entschuldigung:
Wenn man sich schlecht benommen hat, soll man sich entschuldigen. Er nimmt die Entschuldigung an.

Wortbausteine kennen und nutzen – Nachsilben

1. Unterstreiche die Wörter mit den Wortbausteinen **-heit** und **-keit**. Schreibe sie dann mit ihrem Artikel (Begleiter) ab.

Nr. 1

die Ähnlichkeit, die Schönheit, die Wahrheit, die Einsamkeit

Mit den Nachsilben **-heit** und **-keit** kann man Nomen (Namenwörter) bilden. Ich schreibe sie groß.

22

2. Bilde aus den Adjektiven (Wiewörtern) mit den Nachsilben **-heit** oder **-keit** Nomen (Namenwörter). Schreibe sie mit Artikel (Begleiter) geordnet auf.

ehrlich flüssig blind krank deutlich schwierig gesund sicher

-heit	-keit
die Blindheit	die Ehrlichkeit
die Krankheit	die Flüssigkeit
die Gesundheit	die Deutlichkeit
die Sicherheit	die Schwierigkeit

3. In Nomen (Namenwörtern) mit der Nachsilbe **-keit** findest du häufig auch die Wortbausteine **-ig** oder **-lich**. Schreibe die Nomen (Namenwörter) auf.

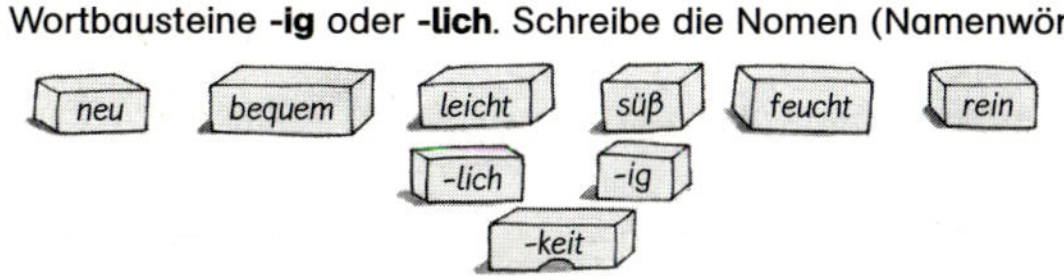

Nr. 3

Neuigkeit, Bequemlichkeit, Leichtigkeit, Süßigkeit, Feuchtigkeit, Reinlichkeit

4. Bilde aus den Nomen (Namenwörtern) mit den Wortbausteinen **-los** und **-isch** Adjektive (Wiewörter). Schreibe sie darunter.

Glück	Medizin	Gefahr	Magnet
glücklos	*medizinisch*	*gefahrlos*	*magnetisch*
Neid	Maß	Sturm	Wort
neidisch	*maßlos*	*stürmisch*	*wortlos*

Mit den Nachsilben **-los** und **-isch** kann man Adjektive (Wiewörter) bilden. Ich schreibe sie klein.

23

5. Bilde aus den Nomen (Namenwörtern) mit den Nachsilben **-los** oder **-isch** Adjektive (Wiewörter). Setze sie richtig ein.

Er zeigt überhaupt keine Gefühle. Er ist ein *gefühlloser* Mensch.

In jedem Auto steckt viel Technik. Die Autos sind *technisch* hoch entwickelt.

Aylin liefert ihre Arbeit ohne Fehler ab. Ihre Arbeit ist *fehlerlos*.

Pia liebt Eis aus Italien. Sie liebt *italienisches* Eis.

3

6. Übe mit den Sätzen aus Aufgabe 5 das richtige Aufschreiben.

7. Bilde mit den Nachsilben **-heit**, **-keit**, **-los** und **-isch** Nomen (Namenwörter) oder Adjektive (Wiewörter). Überprüfe mit dem Wörterbuch.

fröhlich wahr Wähler Träumer ähnlich krank Freude Gott

-heit	-keit	-los	-isch
Wahrheit	*Fröhlichkeit*	*freudlos*	*wählerisch*
Krankheit	*Ähnlichkeit*	*gottlos*	*träumerisch*

Nr. 6

Er zeigt überhaupt keine Gefühle. Er ist ein gefühlloser Mensch. In jedem Auto steckt viel Technik. Die Autos sind technisch hoch entwickelt. Aylin liefert ihre Arbeit ohne Fehler ab. Ihre Arbeit ist fehlerlos. Pia liebt Eis aus Italien. Sie liebt italienisches Eis.

Zusammengesetzte Wörter

1. Setze zwei Nomen (Namenwörter) zusammen.

 : Handschuh  : Kompassnadel

Aus Nomen (Namenwörtern) kann ich ein zusammengesetztes Nomen (Namenwort) bilden, um mich kürzer und genauer auszudrücken. Ich schreibe es nur am Anfang groß. (24)

2. Bilde zusammengesetzte Nomen (Namenwörter). Unterstreiche den ersten Buchstaben des zweiten Wortes.

Garten / Schloss / Fußball → Tor

Tor → Schuss / Pfosten / Einfahrt

Sport / Englisch / Musik → Unterricht

Rad / Auto / Geister → Fahrer

3. Bilde zusammengesetzte Nomen (Namenwörter). Unterstreiche die zwei oder drei gleichen Mitlaute, die zusammenkommen.

Stoff	Stuhl	Sport	Pass	+	Ring	Tasche	Nummer	Farbe
Ohr	Bilder	Schiff	Telefon		Straße	Rahmen	Fahrt	Lehne

4. Setze die Nomen (Namenwörter) zusammen. Unterstreiche das Fugen-**s**.

die Zeitung + das Papier : *das Zeitungspapier*

das Boot + die Fahrt : *die Bootsfahrt*

die Geburt + der Tag : *der Geburtstag*

die Rettung + der Schwimmer : *der Rettungsschwimmer*

der Verkehr + das Schild : *das Verkehrsschild*

Nr. 2

1. *Gartentor, Schlosstor, Fußballtor*
2. *Torschuss, Torpfosten, Toreinfahrt*
3. *Sportunterricht, Englischunterricht, Musikunterricht*
4. *Radfahrer, Autofahrer, Geisterfahrer*

Nr. 3

Stofffarbe, Stuhllehne, Sporttasche, Passstraße, Ohrring, Bilderrahmen, Schifffahrt, Telefonnummer

5. Unterstreiche den Wortstamm der Verben (Tunwörter).
Bilde aus dem Verb (Tunwort) und dem Nomen (Namenwort) das zusammengesetzte Nomen (Namenwort).

nähen +  naschen +  kochen + 

die Nähnadel — die Naschkatze — der Kochlöffel

6. Unterstreiche den Wortstamm der Verben (Tunwörter). Bilde zusammengesetzte Nomen (Namenwörter). Schreibe sie mit Artikel (Begleiter) auf.

malen + der Kasten : der Malkasten
boxen + der Kampf : der Boxkampf
gießen + die Kanne : die Gießkanne
kühlen + der Schrank: der Kühlschrank
glühen + die Lampe : die Glühlampe
treffen + der Punkt : der Treffpunkt
impfen + der Pass : der Impfpass

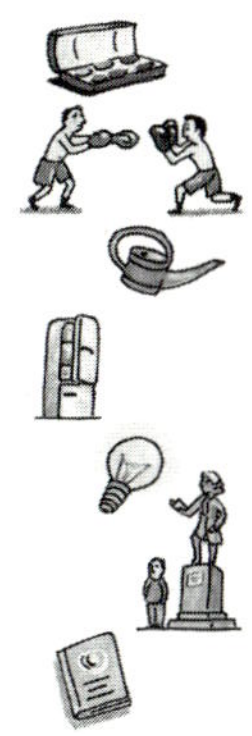

Aus einem Verb (Tunwort) oder aus einem Adjektiv (Wiewort) und einem Nomen (Namenwort) kann ich ein zusammengesetztes Nomen (Namenwort) bilden, um mich kürzer und genauer auszudrücken. Ich schreibe es groß.

7. Schreibe die zusammengesetzten Nomen (Namenwörter) mit Artikel (Begleiter) auf.

glatt + das Eis : das Glatteis
spitz + der Name : der Spitzname
wild + das Schwein : das Wildschwein
frei + das Bad : das Freibad

Pläne für die Zukunft

Übungswörter

entwickeln	lang
Schwierigkeit	Flugzeug
interessieren	blind
steuern	Wahl
diskutieren	Traum
geschehen	Plan
informieren	schwierig
verschließen	

In der Klasse 4 c wird lebhaft über Berufe diskutiert. Jedes Kind entwickelt dabei eigene Vorstellungen. Julian will Flugzeuge steuern und Amara Tierärztin werden. Jakob interessiert sich schon lange für die Tätigkeit eines Verkäufers. Ihr Lehrer rät ihnen, sich vor der Wahl ihres Berufes genau zu informieren. Sie sollten auch schauen, was in der Arbeit wirklich geschieht. Vor Schwierigkeiten in ihrem Traumberuf dürften sie nicht blind die Augen verschließen. Als Tim seinen Traum äußert, Millionär zu werden, lachen alle. Das stellen sie sich doch etwas schwierig vor.

1. Lies die Geschichte.
Sprich mit deinem Partner über deinen Traumberuf.
Begründe ihm deinen Wunsch.

2. Lies die Übungswörter. Unterstreiche sie dann im Text.
Schreibe unterschiedliche Formen so auf: *lesen – liest*

3. Schreibe alle einsilbigen Übungswörter ab.

4. Trage die passenden Übungswörter in Druckschrift ein.

b l i n d   W a h l   P l a n   l a n g

5. Zeige deinem Partner Übungswörter, die für dich Merkstellen enthalten.
Unterstreiche diese Merkstellen. Lass dir die Wörter dann diktieren.

6. Schreibe die Vergleichsformen der Adjektive (Wiewörter) so daneben:
– stärker – am stärksten

lang *– länger – am längsten*

schwierig *– schwieriger – am schwierigsten*

Seite 52

Nr. 2

Plan - Pläne
diskutieren - diskutiert
entwickeln - entwickelt
Flugzeug- Flugzeuge
interessieren - interessiert
lang - lange
geschehen - geschieht
Schwierigkeit - Schwierigkeiten

Nr. 3

lang, blind, Wahl, Traum, Plan

Nr. 5

z. B.
Schwierigkeit, interessieren, diskutieren, Wahl

7. Aus diesen Silben kannst du sechs Übungswörter bilden. Schreibe sie auf.

schwie- | -ckeln | ver- | steu- | -zeug | -ßen
ge- | -wi- | -ern | ent- | -rig | -sche- | Flug- | -hen | -schlie-

Wörter mit zwei Silben	Wörter mit drei Silben

8. Bilde möglichst viele zusammengesetzte Nomen (Namenwörter). Verwende sie in Sätzen.

Traum Beruf Plan Fach Wahl
Zukunft Bau Auto Spiel

9. Schreibe die Übungswörter auf, die mit diesen Nomen (Namenwörtern) verwandt sind.

Interesse	Diskussion	Information
interessieren	*diskutieren*	*informieren*

10. Schlage die Verben **geschehen** und **schließen** im Wörterbuch nach. Schreibe alle Formen auf, in denen der Wortstamm dieser Verben verändert ist.

geschehen *geschieht, geschah* schließen *schloss, geschlossen*

11. Setze Formen der Verben (Tunwörter) aus Aufgabe 10 ein.

Junge Menschen wissen meist nicht, was in der Berufswelt *geschieht*.

Hassan hat sein Lesebuch *geschlossen*. Als Hans das Haus verließ, *schloss* er die Tür ab. Niemand weiß, was wirklich *geschah*.

12. Übe mit den Sätzen aus Aufgabe 11 das richtige Aufschreiben.

13. Schreibe auf, wie du dir deinen Traumberuf vorstellst.

Nr. 7

Wörter mit zwei Silben	Wörter mit drei Silben
schwierig	entwickeln
steuern	verschließen
Flugzeug	geschehen

Nr. 8

z. B.
Traumberuf, Traumfach, Traumauto, Zukunftstraum, Berufswahl, Zukunftsplan, Bauplan, Spielplan, Wahlfach, Autobau, Spielauto

z. B.
Sein Traumauto ist ein roter Ferrari.
Sie kann sich bei der Berufswahl nicht entscheiden.

Nr. 12

Junge Menschen wissen meist nicht, was in der Berufswelt geschieht. Hassan hat sein Lesebuch geschlossen. Als Hans das Haus verließ, schloss er die Tür ab. Niemand weiß, was wirklich geschah.

Wörter mit doppeltem Selbstlaut

26 In einigen Wörtern wird der lang gesprochene Selbstlaut verdoppelt.

1. Ordne die Nomen (Namenwörter) mit doppeltem Selbstlaut richtig zu.

Waage | Moos | Idee | Tee | Saal | Boot

Aufgussgetränk – *Tee* großer Raum – *Saal* Pflanze – *Moos*

Messgerät – *Waage* kleines Schiff – *Boot* Gedanke – *Idee*

2. Diese Nomen (Namenwörter) passen nicht zusammen. Schreibe sie richtig auf.

Haarbeet | Seetee | Blumenpferd | Musikspange | Früchteboot | Segelsaal

Nr. 2

Haarspange, Blumenbeet, Seepferd, Früchtetee, Musiksaal, Segelboot

27 Das musst du dir merken:
ein **Paar** = zwei, die zusammengehören

ein **paar** = einige.

3. Setze **Paar** oder **paar** richtig ein.

ein *Paar* Schuhe ein *paar* Haarschleifen ein *Paar* Stiefel

ein *paar* Kaffeetassen ein *paar* Taschen ein *Paar* Ohrringe

4. Lies den Vers. Unterstreiche alle Wörter mit doppeltem Selbstlaut.

Über einem Weg mit Schnee,
da schwebte eine Märchenfee.
Sie hatte schönes schwarzes Haar,
doch Stiefel nicht ein einzig Paar.

3 **5.** Übe mit diesem Vers das richtige Aufschreiben.
Du kannst selbst solche Verse bilden und aufschreiben.

Nr. 5

Über einem Weg mit Schnee,
da schwebte eine Märchenfee.
Sie hatte schönes schwarzes Haar,
doch Stiefel nicht ein einzig Paar.

Wörter aus fremden Sprachen

28

Wörter aus fremden Sprachen nennen wir Fremdwörter. Sie werden häufig anders geschrieben als gesprochen. Du musst sie dir gut merken.

1. Schreibe die Fremdwörter zu den passenden Bildern.

Skateboard | Jeans | trainieren | Shorts

trainieren | *Shorts* | *Jeans* | *Skateboard*

2. Sprich die Fremdwörter aus Aufgabe 1 deinem Partner vor. Unterstreiche die Stellen im Wort, die du anders schreiben musst, als du sie sprichst.

3. Ordne die Fremdwörter ihrer Bedeutung richtig zu.

Shorts | Quiz | Steak | Puzzle | Information | Recycling

Frage- und Antwortspiel – *Quiz* Geduldsspiel – *Puzzle*

kurze Hose – *Shorts* Wiederverwendung – *Recycling*

25

4. Bilde zusammengesetzte Nomen (Namenwörter) mit Fremdwörtern.

Jeans | Recycling | Quiz | + | Abend | Anlage | Stoff

Nr. 4

Jeansstoff, Recyclinganlage, Quizabend

5. Auch das sind Fremdwörter. Schreibe sie getrennt auf: *trai-nie-ren.* Nimm dein Wörterbuch zu Hilfe.

Maschine | Restaurant | Operation | Klavier | Pizza | Mathematik | Internet

Nr. 5

Ma-schi-ne, Re-stau-rant oder Res-tau-rant, Ope-ra-ti-on, Kla-vier, Piz-za, Ma-the- ma-tik, In-ter-net

6. Suche dir sechs Fremdwörter dieser Seite aus. Verwende sie in einer kurzen Geschichte.

Wörtliche Rede und Redebegleitsatz

Max jubelt: „Unsere Mannschaft hat gewonnen!“, jubelt Max.

1. Trage ein, was Max wörtlich sagt.

Max jubelt: „ Unsere Mannschaft hat gewonnen !“

Redebegleitsatz : „ wörtliche Rede !(.?)“

Wenn der Redebegleitsatz vor der wörtlichen Rede steht, endet er mit einem Doppelpunkt. Die wörtliche Rede steht immer in Anführungszeichen. Das erste Wort in der wörtlichen Rede schreibe ich groß.

29

2. Unterstreiche die Redebegleitsätze.
Beginne die wörtliche Rede mit den richtigen Wörtern.
Setze alle Satzzeichen ein.

Hassan jammert: „Heute haben wir leider verloren.“ — unser

Manuel fragt: „Wie konnte denn das passieren?“ — wie

Hassan schimpft: „Unser Torwart hat große Fehler gemacht!“ — heute

3. Trage die Bezeichnungen **wörtliche Rede** und **Redebegleitsatz** ein.
Unterstreiche das erste Wort im Redebegleitsatz.

„Unsere Mannschaft hat gewonnen!“, jubelt Max.

wörtliche Rede | Redebegleitsatz

Wenn der Redebegleitsatz nach der wörtlichen Rede steht, wird er durch ein Komma abgetrennt. Nach dem Komma schreibe ich klein weiter.
Beim Aussagesatz fällt der Punkt weg:
„Wir haben leider verloren“, jammert Faruk.

30

4. Stelle in den Sätzen aus Aufgabe 2 den Redebegleitsatz und die wörtliche Rede um. Achte auf die Zeichensetzung und die Schreibweise des ersten Wortes im Redebegleitsatz.

„Heute haben wir leider verloren", jammert Hassan.

„Wie konnte denn das passieren?", fragt Manuel.

„Unser Torwart hat große Fehler gemacht!", schimpft Hassan.

5. Unterstreiche wörtliche Rede und Redebegleitsatz mit verschiedenen Farben. Setze alle Satzzeichen ein.

„Soll ich etwa schon wieder allein einkaufen gehen?“, fragt Anna ärgerlich.

Ihr Bruder lacht: „Das ist doch schließlich auch Mädchensache.“

„Das siehst du völlig falsch“, antwortet ihm die Mutter.

Sie meint: „Ich finde es gut, wenn ihr das gemeinsam macht.“

„Dann nimm schon die Tasche und komm endlich!“, fordert Anna ihren Bruder auf.

„Jetzt kann ich wieder nicht Fußball spielen“, jammert er.

„Das kannst du hinterher immer noch“, meint seine Schwester.

Doch er mault weiter: „Dabei sollte ich heute sogar im Tor stehen.“

Aber seine Schwester meint nur: „Wenn wir uns jetzt beeilen,

kommst du schon noch rechtzeitig hin.“

„Also los!“, fordert sie ihn auf.

6. Schreibe die Sätze aus Aufgabe 5 mit allen Satzzeichen richtig ab. Du kannst dazu auch deinen Computer verwenden.

Seite 57

Nr. 6

„Soll ich etwa schon wieder allein einkaufen gehen?", fragt Anna ärgerlich.
Ihr Bruder lacht: „Das ist doch schließlich auch Mädchensache."
„Das siehst du völlig falsch", antwortet ihm die Mutter.
Sie meint: „Ich finde es gut, wenn ihr das gemeinsam macht."
„Dann nimm schon die Tasche und komm endlich!", fordert Anna ihren Bruder auf.
„Jetzt kann ich wieder nicht Fußball spielen", jammert er.
„Das kannst du hinterher immer noch", meint seine Schwester.
Doch er mault weiter: „Dabei sollte ich heute sogar im Tor stehen!"
Aber seine Schwester meint nur: „Wenn wir uns jetzt beeilen, kommst du schon noch rechtzeitig hin."
„Also los!", fordert sie ihn auf.

Hilfen zum richtigen Schreiben

❶ deutlich mitsprechen und hören

Es gibt Wörter, bei denen jeder Buchstabe bzw. jede Buchstabenverbindung (ch, sch) als Laut zu hören ist. Diese Wörter kannst du so schreiben, wie du sie hörst und sprichst.

Prüfe, bei welchen der folgenden Wörter dir deutliches Sprechen und genaues Hinhören hilft, sie richtig zu schreiben. Unterstreiche sie.

Banane Limonade See Gemüse schauen Draht

Straßenbahn Woche schreiben Fichte Verkehr Saal

❷ an gelernte Regeln denken

Es gibt Wörter, deren Schreibweise du herausfinden kannst, wenn du gelernte Regeln anwendest, z. B.:

- Wörter verlängern (Bild – Bil - **d**er)
- Wörter von einem verwandten Wort ableiten (tr**ä**umen – Tr**au**m)
- auf Wortbausteine achten (**g**lück**lich**, Impf**ung** …)
- die Grundform bilden und in Silben trennen (dre**h**t – dre - **h**en, …)

Sprich mit deinem Partner darüber, welche der gelernten Regeln du anwenden kannst, um die folgenden Wörter richtig zu schreiben.

Heizung Wald Rätsel er geht Burg lang Mäuse

freundlich schmerzlos aufräumen Freiheit es glüht

❸ Merkstellen einprägen

Es gibt Wörter, bei denen dir Mitsprechen und Nachdenken über Gelerntes nicht hilft. Du schreibst sie nur dann richtig, wenn du dir die Merkstelle eingeprägt hast.

Welche der folgenden Wörter enthalten Merkstellen? Unterstreiche sie.

Frühling Waage Hexe Gebäude zeichnen wild

schalten Höhle Moos er steht hängen Fuchs

Seite 59

1. Welche der Hinweise von Seite 58 helfen dir, richtig zu schreiben?
Ordne alle Wörter der Aufgaben 1, 2 und 3 von Seite 58 hier ein.

❶ deutlich mitsprechen und hören	schalten, lesen, Banane, Limonade, Gemüse, schauen, Woche, schreiben, Fichte, zeichnen, schalten
❷ an gelernte Regeln denken	Tag – Ta - ge, Korb – Kör - be, Wald – Wäl - der, Burg – Bur - gen, lang – län - ger, wild – wil - der Bäume – Baum, kräftig – Kraft, Mäuse – Maus, aufräumen – Raum, hängen – Hang, Gebäude – bauen Bewegung, Blindheit, Freiheit, Heizung gesetzlich, fehlerlos, freundlich, schmerzlos blüht – blü - hen, geht – ge - hen, glüht – glü - hen, steht – ste - hen
❸ Merkstellen einprägen	Lexikon, Haar, wachsen, Waage, Hexe, Moos, Fuchs, Draht, See, Straßenbahn, Verkehr, Saal, Frühling, Höhle, Rätsel

2. Welche Wörter dieser Seite würdest du gerne im Wörterbuch nachschlagen, bevor sie dir diktiert werden? Schreibe sie auf.

Auskünfte im Internet

Anna braucht Stoff für ihren Aufsatz. Sie will im Internet nützliche Informationen zum Stichwort Recycling finden. Sie betritt den Raum und schaut betroffen.
Opa hat schon den Computer besetzt! „Niemals hätte ich so schnell etwas über die Mieten in unserer Stadt herausgefunden wie im Internet!“, ruft er begeistert.
„Aber Opa, ich muss dringend an den Computer“, sagt Anna. „Weißt du was? Dann mache ich jetzt einen Spaziergang, bevor gleich die Drähte zu glühen beginnen“, antwortet Opa.

Übungswörter

Stadt	beginnen
wissen	niemals
betreffen	Auskunft
Draht	Stoff
Miete	Raum
Internet	nützlich
besetzt	Spaziergang
Recycling	

1. Lies die Geschichte.
Berichte deinem Partner, wofür du das Internet nutzt.

2. Lies die Übungswörter. Unterstreiche sie im Text.
Erkläre deinem Partner unterschiedliche Formen.

3. Gib deinem Partner an, welche Hilfen du anwendest, um die Übungswörter richtig zu schreiben.
Schreibe sie so geordnet auf.

deutliches Sprechen	an eine Regel denken	Merkstellen einprägen

4. Erkläre deinem Partner deine Zuordnung.

5. Trage die passenden Übungswörter in Druckschrift ein.

D r a h t   S t a d t   S t o f f   M i e t e

6. Welche Übungswörter bedeuten das Gegenteil? Schreibe sie auf.

jederzeit	ahnungslos sein	beenden	schädlich
niemals	*wissen*	*beginnen*	*nützlich*

Nr. 2

mündlich:
wissen - weißt (Du-Form von wissen)
betreffen - betroffen (Vergangenheitsform von betreffen)
Draht - Drähte (Mehrzahl von Draht)
Miete - Mieten (Mehrzahl von Miete)
Auskunft - Auskünfte (Mehrzahl von Auskunft)
nützlich - nützliche (Wortbaustein -e)

Nr. 3

z. B.

deutliches Sprechen	*an eine Regel denken*	*Merkstellen einprägen*
Internet	*wissen*	*Stadt*
besetzt	*betreffen*	*Draht*
Auskunft	*Miete*	*Recycling*
Raum	*beginnen*	
	niemals	
	Stoff	
	nützlich	
	Spaziergang	

7. Bei fünf Übungswörtern wird in der Mehrzahl aus dem Selbstlaut oder Doppellaut ein Umlaut.
Schreibe sie in Einzahl und Mehrzahl auf: *der Garten – die Gärten*

die Stadt – die Städte, der Draht – die Drähte, die Auskunft – die Auskünfte, der Raum – die Räume, der Spaziergang – die Spaziergänge

8. Ordne die verschiedenen Personalformen der richtigen Grundform der Verben (Tunwörter) zu. Kontrolliere mit dem Wörterbuch.

traf | begann | wusste | getroffen | trifft | weiß | begonnen | gewusst

beginnen: *begann, begonnen*

treffen: *traf, trifft, getroffen*

wissen: *weiß, wusste, gewusst*

9. Verwende die verschiedenen Formen der Verben (Tunwörter) aus Aufgabe 8 in Sätzen.

29 **10.** Unterstreiche im Text auf Seite 60 die wörtliche Rede. Schreibe sie mit vorangestelltem Redebegleitsatz auf.

11. Unterstreiche wörtliche Rede und Redebegleitsatz unterschiedlich. Ergänze alle Satzzeichen.

„Das Internet ist wie ein großes Lexikon“, erklärt Anna. „Aber du bekommst alle Informationen viel schneller“, fügt sie hinzu. Opa fragt: „Findest du dort wirklich auf alle Fragen eine Antwort?“ „Ich hätte gerne eine Auskunft über die Mieten auf dem Mars“, sagt er. „Da bin ich jetzt überfragt“, antwortet Anna betroffen.

Opa lacht: „Das war doch nur ein Witz.“

3 **12.** Schreibe die Sätze mit ihren Satzzeichen richtig auf. Du kannst dazu auch deinen Computer verwenden.

Nr. 9

z.B.
Das Spiel soll beginnen. Das Spiel begann. Das Spiel hat begonnen. Wir treffen uns heute. Er traf das Tor mit dem Fußball aus einer sehr weiten Entfernung. Er trifft sich mit seinen Freunden. Sie hat das Tor getroffen. Heute wissen wir mehr als früher. Ich weiß die Lösung! Das wusste ich gar nicht. Hättest du das gewusst?

Nr. 10

Er ruft begeistert: „Niemals hätte ich so schnell etwas über die Mieten in unserer Stadt herausgefunden wie im Internet!“
Anna sagt: „Aber Opa, ich muss dringend an den Computer.“
Opa antwortet: „Weißt du was? Dann mache ich jetzt einen Spaziergang, bevor gleich die Drähte zu glühen beginnen.“

Nr. 12

„Das Internet ist wie ein großes Lexikon“, erklärt Anna. „Aber du bekommst alle Informationen viel schneller“, fügt sie hinzu. Opa fragt: „Findest du dort wirklich auf alle Fragen eine Antwort?“ „Ich hätte gerne eine Auskunft über die Mieten auf dem Mars“, sagt er. „Da bin ich jetzt überfragt“, antwortet Anna betroffen. Opa lacht: „Das war doch nur ein Witz.“

Immer wieder anders schreiben

Übungswörter

niemand, ändern, Krieg, Pass, wieder, Dummheit, hoffentlich, nummerieren, Kreuz, Nuss, vollständig, blättern, Regel, gewinnen

Als Tim in einem alten Wörterbuch blättert, wundert er sich. Wörter wie Pass, Nuss und nummerieren sind dort anders geschrieben, als er es gelernt hat.
Wörter wie Kreuz, Krieg und Dummheit werden aber noch genauso geschrieben. Seine Mutter erklärt ihm, dass die Regeln der deutschen Rechtschreibung immer wieder geändert wurden, um sie einfacher zu machen. „Ihr trennt ja jetzt auch Wörter mit ck und st anders als wir früher. Damit wurde schon viel gewonnen", findet seine Mutter.
„Trotzdem kann niemand alle Regeln vollständig beherrschen."
„Hoffentlich wird die Rechtschreibung einmal so geändert, dass ich alles klein schreiben darf", sagt Tim.

1. Lies den Text. Sprecht in der Klasse darüber, von welchen Änderungen der Rechtschreibung ihr darin erfahrt.

2. Lies die Übungswörter. Unterstreiche sie im Text. Erkläre deinem Partner unterschiedliche Wortformen.

3. Gib deinem Partner an, welche Hilfen du anwendest, um die Übungswörter richtig zu schreiben. Schreibe sie so geordnet auf.

deutliches Sprechen	an eine Regel denken	Merkstellen einprägen

4. Welche Übungswörter passen? Trage sie in Druckschrift ein.

n i e m a n d | K r i e g | w i e d e r | K r e u z

5. Schreibe die Übungswörter auf, die sich reimen. Unterstreiche, was gleich bleibt.

Fluss	Lieder	Sieg	Fass
Nuss	wieder	Krieg	Pass

Seite 62

Nr. 2

mündlich:
ändern - geändert (Personalform von ändern)
blättern - blättert (Er-Form von blättern)
Regel - Regeln (Mehrzahl von Regel)
gewinnen - gewonnen (Vergangenheitsform von gewinnen)

Nr. 3

z. B.

deutliches Sprechen	an eine Regel denken	Merkstellen einprägen
Regel	niemand	ändern
	Krieg	Kreuz
	Pass	vollständig
	wieder	
	Dummheit	
	hoffentlich	
	nummerieren	
	Nuss	
	blättern	
	gewinnen	

6. Schreibe die verwandten **Übungswörter** auf.

Blatt → *blättern* anders → *ändern*

29 7. Schreibe alle Sätze mit wörtlicher Rede so ab, dass immer der Redebegleitsatz voransteht. Setze alle Satzzeichen richtig.

8. Das Silbenrätsel enthält sechs **Übungswörter** mit doppeltem Mitlaut. Schreibe diese Wörter in ihre Silben getrennt auf.

blät- Dumm- voll- -win- -me- -lich -nen num-
-dig -rie- hof- -tern -fent- -ren -heit -stän- ge-

blät - tern, Dumm - heit, voll - stän - dig, ge - win - nen,

num - me - rie - ren, hof - fent - lich

9. Schlage das Verb (Tunwort) **gewinnen** im Wörterverzeichnis nach. Schreibe alle Formen auf, die du dort findest.

gewinnen, gewann, gewonnen

10. Setze die Formen des Verbs (Tunworts) **gewinnen** aus Aufgabe 9 in den Sätzen ein.

Der Tennisspieler hat das Turnier zum vierten Mal *gewonnen* .

Wieder einmal *gewann* Bayern München den deutschen Pokal.

Wer nichts wagt, der *gewinnt* auch nichts.

11. In einem Schulbuch aus dem Jahr 1876 fand die Klasse 4 a diese Trennregeln. Prüft, ob diese Regeln heute noch gültig sind. Schreibt die Wörter so auf, wie ihr heute trennt und vergleicht.

Die Buchstabenverbindungen ng, ps, sp, st, sz, tz und ck werden nicht getrennt,
z. B. La - sten, kra - tzen, ha - cken, klo - pfen, Ge - spenst, schie - ßen, Fing - er.

12. Schreibe auf, welche Rechtschreibregeln du verändern würdest.

Nr. 7

Seine Mutter findet: „Ihr trennt ja jetzt auch Wörter mit ck und st anders als wir früher. Damit wurde schon viel gewonnen." Sie sagt: „Trotzdem kann niemand alle Regeln vollständig beherrschen." Tim sagt: „Hoffentlich wird die Rechtschreibung einmal so geändert, dass ich alles klein schreiben darf."

Nr. 11

Trennung früher	Trennung heute
La-sten	Las-ten (heute anders getrennt)
kra-tzen	krat-zen (heute anders getrennt)
ha-cken	ha-cken (wie 1876 getrennt)
klo-pfen	klop-fen (heute anders getrennt)
Ge-spenst	Ge-spenst (wie 1876 getrennt)
schie-ßen	schie-ßen (wie 1876 getrennt)
Fing-er	Fin-ger (heute anders getrennt)

Das kannst du schon

1. Suche die Reimwörter in der Schlange. Ordne sie richtig zu. Ihre Anfangsbuchstaben ergeben den Namen einer gefährlichen Giftschlange.

lehren	Mohr	Kahn	führen	Fahnen
kehren	Ohr	Bahn	rühren	ahnen

Sie heißt: K o b r a

2. Schreibe die Wörter mit **ie** richtig auf. Die Anfangsbuchstaben der Verben (Tunwörter) verraten dir, wo Eskimos wohnen.

informieren schief friedlich gießen

lieben beliebt umziehen schwierig

Eskimos wohnen im I g l u .

3. Ergänze die richtigen Wörter mit doppeltem Selbstlaut.

wachsen auf dem Kopf
großer Raum
polsterähnliche grüne Pflanze
Gegenteil von voll
weißer Niederschlag im Winter

H	A	A	R	E	
		S	A	A	L
M	O	O	S		
		L	E	E	R
S	C	H	N	E	E

4. Bilde mindestens fünf zusammengesetzte Nomen (Namenwörter).
Schreibe sie mit ihrem Artikel (Begleiter) auf.

z. B. der Pizzabäcker, die Unfallursache, der Ehrenplatz,
das Ehepaar, der Angsthase, die Höhenangst

5. Bilde mit diesem Ausgangswort ein Wörterdomino.
Du kannst das Wörterverzeichnis oder dein Wörterbuch benutzen.

z. B. Traumurlaub – Urlaubsreise – Reiseziel – Zielflughafen –
Flughafenparkplatz – Parkplatzgebühr – Gebührenerhöhung

6. In diesem Rätsel musst du Wörter mit dem **ks**-Laut einsetzen.

Nachschlagewerk	L	E	X	I	K[1]	O	N	
Geld umtauschen	W	E	C	H	S	E	L[2]	N
kleines Gebäck			K	E[3]	K	S		
an Größe zunehmen		W	A	C[4]	H	S	E	N
Gegenteil von rechts		L	I	N	K[5]	S		
einheimisches Raubtier mit rotem Fell		F	U	C	H	S[6]		

Mit den Buchstaben in den nummerierten Feldern erhältst du ein Lösungswort:

K (1) l (2) e (3) c (4) k (5) s (6)

NOTIZEN

NOTIZEN

NOTIZEN

NOTIZEN